Werner A. Widmann · Ja so warn's

Werner A. Widmann

Ja so warn's

Rühmliches über lauter Unberühmte

MITTELBAYERISCHE DRUCK- & VERLAGS-GESELLSCHAFT

Die Deutsche Bibliothek – CIP-Einheitsaufnahme

Widmann, Werner A.:
Ja so warn's : Rühmliches über lauter Unberühmte / Werner A. Widmann. -
Regensburg : Mittelbayerische Dr.- und Verl.-Ges., 1999
ISBN 3-931904-64-4

Werner A. Widmann
Ja so warn's. Rühmliches über lauter Unberühmte.
© Mittelbayerische Druck- und Verlags-Gesellschaft, Regensburg 1999
www.mz-buchverlag.de
Umschlaggestaltung: Anna Braungart
Umschlagfotografie: Dieter Nübler
Satz: Vollnhals Fotosatz, Neustadt/Donau
Gesamtherstellung: Donau Druck GmbH, Regensburg

ISBN 3-931904-64-4

Inhalt

Meine Menschensammlung. Erste Abteilung
Daheim im Kinderland 7
Der Matrose im Großformat 9
„Stille Nacht, Heilige Nacht" 14
Die Ondulier-Anna mit den Bücklingen 20
Waschtag 26
In der Sommerfrische 29
Ein virtueller Malerfürst 34
„Prost, Holzmacher von Paris!" 39

Meine Menschensammlung. Zweite Abteilung
Daheim, in der Stadt am großen Strom 47
Elisabeth, die Erste 49
Josephine F. 55
Maestro Michele 62
Irene Ohnegeschmack 68
Die Brändl-Kramerin 76

Meine Menschensammlung. Dritte Abteilung
Draußen in der Welt 81
Purzelchen 83
Schirmmütze und grüner Schaber 93
Die Dame Hofbesitzersgattin 100
Gallus Witzigmann 104
Minda, die Einäugige 109
Bettina, die Hexe 114

Meine Menschensammlung. Vierte Abteilung
Antiquitäten 121
Die Geschichte von der „Frouwe Jakob" 123
Der Entroster himmlischer Bahnen 128
Eufrosina Hertzhamerin Klosterfraw 135
Argula von Grumbach 141
Sor Emanuela Teresa 148
Johann Georg Üblher 152

Meine Menschensammlung

Erste Abteilung

Daheim im Kinderland

Jeder hat seine „Menschensammlung"; also habe ich auch eine. Vier Schubladen habe ich dafür, Herzensschubladen, gefüllt mit Erinnerungen. Würde etwa ein Briefmarkensammler in meinen vier Schubladen stöbern, so käme er vielleicht zu der groben und unhöflichen Feststellung: „Alles durcheinander gesammelt, wie es gerade gekommen ist. Kein System, kein Spezialgebiet. Und natürlich in dieser Form nicht an den Mann zu bringen. Kein einziges besonderes Stück, so wie unsereiner meinetwegen ein Leben lang einem ‚Schwarzen Einser Bayern' nachjagt und keine Ruhe gibt, bis er ihn hat. Da ist kein Sammlerehrgeiz in diesen Schubladen."

Recht hätte er, der Briefmarkensammler. Es steckt weder System noch Ehrgeiz in meinen Kästen der Erinnerung. Es wurde gesammelt, was so gekommen ist. Und was so gekommen ist, war halt so, wie es war. Und darum steht auch „Ja, so warn's" über dieser Sammlung. So sind sie eben gewesen, die Menschen meines Lebens. Und da in das Mietshaus Friedenstraße 16a in Regensburg weder der Fürst von Thurn und Taxis noch die in meiner Kinderzeit allseits bewunderte und verehrte Schlittschuhläuferin Sonja Henie gekommen ist, liegt nur das in der ersten Schublade meiner Menschensammlung, was darin liegen kann: meine Eltern, meine Schwester und etliche Leute aus der Hausbewohnerschaft. Dazu ein Oberammergauer Engel und sogar ein unbedeutendes kleines Haus im Labertal, das mir aber viel bedeutet hat. Ein „Schwarzer Einser Bayern" ist da freilich nicht dabei. Aber Seltenheiten sind es doch, mehr noch: Einmaligkeiten. Jedenfalls für mich.

Wer zum Beispiel meine Mutter gekannt hat, wird mir zustimmen müssen, daß diese nur 1 Meter 56 große Person schon ein Unikat gewesen ist. Oder sollte ich eher Unikum sagen? Was für eine Pendlerin zwischen Lachen und Zorn, zwischen glühender Verehrung, die sie zum Beispiel den Filmstars Johannes Heesters oder Marika Röck entgegenbringen konnte, und aufrichtiger Abneigung gegenüber Leuten, die es nicht mit der Wahrheit hielten, die scheinheilig waren! Ja, und mein Vater ist im ganzen Haus – und sicher in der ganzen Stadt – damals der einzige Mensch gewesen, der eine Äquatortaufe nachweisen konnte, mit originalem Taufschein. Selbst wenn ich zugeben muß, daß Flugkapitäne heute prachtvoller kostümiert sind als die Oberlokomotivführer meines Kindheitshauses, so haben meine Oberlokomotivführer immerhin noch die Hand an den Hebeln und Ventilen ungeheurer Dampflokomotiven gehabt, die man heute nur noch in Museen besichtigen, im besten Fall auf kurzen Nostalgiefahrten fotografieren kann. Also sind auch die Lokführer in meiner ersten Schublade Raritäten, wenn auch unberühmte. Alle sind sie ja Unberühmte in meiner Menschensammlung. Unberühmte, über die sich allerdings viel Rühmliches sagen läßt, wie man sehen wird.

Der Matrose im Großformat

oder wie eine Fotografie ein Gewissen sein kann

Zu den Habseligkeiten meiner Existenz gehört auch ein Porträtfoto im Großformat. Ein junger, hübscher Matrose aus der Zeit des Kaisers „Willem Zwo" ist darauf abgebildet, ein Seemann von jener Flotte, die dieser „Willem Zwo" als großen Trumpf gegen seine englischen Vettern aufgebaut hat und auf die er sehr stolz gewesen ist. Der Kaiser war ja ein Preuße, und von Preußen, die gerne mit Kriegsschiffen spielen, kann man schon in den Lausbubengeschichten Ludwig Thomas nachlesen. Bei Ludwig Thomas kleinem preußischen Dreikäsehoch-Admiral und bei „Willem Zwo" endet die Marineleidenschaft in einer Katastrophe.

Der Matrose auf meinem Großfoto sitzt mit etwas hingebogener, vom Fotografen inszenierter und daher eher steifer Lässigkeit auf einer steinern aussehenden Balustrade, trägt auf dem Rock das E.K. II und auf dem Mützenband die Aufschrift „S.M.S. Möwe". Das „S.M.S." bedeutet „Seiner Majestät Schiff". Die Aufnahme stammt aus dem Jahr 1916, und der abgebildete Matrose auf diesem Großfoto – es ist tatsächlich fast einen halben Quadratmeter groß – sieht ein wenig so aus, wie ich in seinem Alter dann auch ausgesehen habe. Das Bild stellt nämlich meinen Vater dar.

Als mein Vater noch gelebt hat, haben wir für dieses große Foto immer keinen rechten Platz gehabt, weil wir sowieso recht eng aufeinander herumgelebt haben. Als er dann tot war, hat meine Mutter das große Bild auf eine biedermeierliche Staffelei gestellt und sich selbst immer wieder davor. Sie hat nämlich oft mit dem Bild geredet, mit ihrem „Ottl", wie sie ihren Mann ein Eheleben lang genannt hat. Während aber ihr Ottl, mein Vater, von meiner Mutter zu seinen Lebzeiten manche unverdiente Gardinenpredigt zu hören bekam, hat sie mit seinem Foto nur in der freundlichsten Weise gesprochen, zärtlich fast und ganz gewiß auch ein wenig kindlich.

Meine Mutter hat sich von ihrem verblichenen Mann auf dem einfachen Weg über sein Großfoto manche Genehmigung geholt, die sie zu seinen Lebzeiten gar nicht, oder zumindest nur in seltenen Fällen, eingeholt hätte. Wenn die frisch Verwitwete ein Fläschchen Wein aufgemacht oder sich einen von ihr geschätzten Magenbittern gegönnt hat, hat sie zuvor erst einmal beim Großfoto angefragt: „Gell, Ottl, dös sagst du auch, daß mir jetzt dös guat tuat?" Und der Ottl, mein Vater, hat zwar nicht zustimmend genickt, aber eben auch nicht den Kopf geschüttelt.

Da waren freilich auch wichtigere Fragen zu klären als die nach einem Glas Wein oder einem bitteren Likörchen. Als sie – mitten in des Sommers Hitze – vom totalen Schwarz des ersten Trauerkleides zur etwas lichteren Halbtrauer überging und wohl wußte, daß dies nach damaliger Sitte ein halbes Jahr zu früh war, hat sich meine Mutter vor das Bild gestellt und gefragt: „Gell, Ottl, bist mir ned bös, wenn ich a bisserl freundlicher daherkomm. Deswegen gehst mir ned weniger ab!" Und wie sie sich bei einem ersten Witwenlachen erwischt hat, da hat sich meine Mutter zuerst recht geschämt, aber dann hat sie zu dem Matrosen im Großformat gesagt: „Wirst sicher froh sein, wenn ich wieder einmal lachen kann."

Der Matrose Otto auf dem Bild, mein Vater, hat wie gesagt niemals die Fragen meiner Mutter beantwortet. Okkultisten hat es in unserer Familie keine gegeben, höchstens hin und wieder einen Traumtänzer. Aber meine Mutter hat ja schon beim Fragen die Antworten meines Vaters gewußt, sonst hätte sie ganz gewiß das Bild nicht in Sichtweite des Weinglases und in Hörweite des ersten Witwenlachens aufgestellt. Sie hat ja nichts zu verbergen gehabt, und mein Vater hat auf dem Foto ein so liebenswürdiges junges Matrosenlächeln gehabt, das man nur als Zustimmung hat deuten können. So hat sich meine Mutter im hohen Alter noch manche kleine Freude in aller Unschuld vergönnen können – sogar einen allerletzten Flirt im Altenwohnheim – weil eben alles von diesem Matrosen, ihrem Ottl, meinem Vater, lächelnd genehmigt worden ist. Wie man mit absoluter Sicherheit annehmen konnte.

Als dann auch meine Mutter nach sechs Witwenjahren starb, ist das Großfoto an mich gekommen. Ich muß zugeben, daß es schon wieder keinen rechten Platz hat. Es ist mittlerweile auch bei irgendeinem Umzug ein wenig beschädigt und unglücklicherweise an der beschädigten Stelle mit Hilfe eines Blumenklebebildchens wenig passend repariert worden. Ich muß einmal ernsthaft damit etwas machen. Da ist es jedenfalls noch, das Bild des Matrosen von „S.M.S. Möwe". Ein Hilfskreuzer ist dieses Schiff übrigens gewesen, ein für kriegerische Zwecke umgebauter Bananendampfer, der von 1915 auf 1916 eine damals weltweit bekannt gewordene Kaperfahrt auf dem Atlantik gemacht hat. Erst mitten im Winter zwischen Schottland und Island hindurch und dann südwärts bis in das Mündungsgebiet des Amazonas. Und mein Vater war dabei, als „Artillerie-Mechanikers-Gast". Diesen exakten Dienstgrad verdanke ich einem zweiten Erinnerungsstück, nämlich einer recht lustig aussehenden Urkunde über die Äquatortaufe meines Vaters auf dieser kriegerischen Reise. Das seltsame Stück Papier ist mir viel wert, weil es Zeugnis dafür ist, daß mein ansonsten sehr stiller und grundsolider Vater – er wurde hernach ein technischer Bahnbeamter im mittleren Dienst – in seinem Leben auch einmal Abenteuer am Amazonas gehabt hat, wenn auch völlig unfreiwillig, weil von der Majestät mit dessen Schiff hingeschickt.

Wie das Bild überhaupt in unsere Familie gekommen ist, das kann man auch ein Abenteuer nennen. Als mein Vater damals, 1916, von seiner Amazonasreise zurückgekommen ist, auf Urlaub in seine Heimatstadt Nürnberg und zu seiner dort lebenden Braut, meiner späteren Mutter, da standen die Taten dieser „Möwe" in allen deutschen Blättern, also auch in denen von Nürnberg. Ein Fotografengeschäftsinhaber mit klugem Köpfchen hat meinen Vater an seinem Mützenband als „Möwe-Helden" erkannt und von der Straße weg in sein Atelier geholt, ihn auf die bereits erwähnte steinern aussehende Balustrade gesetzt und ihn in das Objektiv lächeln lassen. Es kam zu einer Art mündlichen Vertrags zwischen den beiden, worin mein Vater dem Fotografen erlaubte, sein strammes Konterfei für einige Zeit als Blickfang ins Schaufenster zu stellen, wofür er, mein Vater, einige Fotos im Normalformat quasi als Honorar bekommen sollte.

Der Fotograf und sein Matrosenmodell hatten die Rechnung allerdings ohne meine Mutter gemacht. Die kam an dem Schaufenster vorbei und sah davor eine Schar junger Mädchen, welche die männliche Schönheit des jungen Matrosen seiner Majestät nicht genug rühmen konnten. Lauthals priesen sie die äußeren Qualitäten, ergingen sich sogar in Vermutungen über die inneren Werte. Das hat meine Mutter in seelische Wallung gebracht. Ihren Ottl im Superformat ins Schaufenster stellen, sein Konterfei der allgemeinen und öffentlichen, insbesondere weiblichen Gafflust auszusetzen! Schnurstracks betrat sie den Laden und kaufte dem Fotografen ihren Bräutigam ab. Der aber hätte ihn gern noch länger behalten, weil er gar so ein großartiger Blickfang gewesen ist.

So ist das Foto also an meine Mutter und später in unsere Familie gekommen. Immer wenn meine Mutter das Bild in die Hände bekommen hat, war ein Seufzen zu hören: „Da schaut her! Schaut ihn euch an, eueren Vater! So schön ist er einmal gewesen. So schöne Zähne hat er gehabt und noch alle Haare. Auf der Seefahrt hat er das alles verloren, und mir ist ein platterter Ottl blieben und einer mit falsche Zähn." Bös hat sie das nicht gemeint, meine Mutter, aber es ist halt auch ein wenig traurig, wenn man für „Willem Zwo" seines Bräutigams Zähne und Haare lassen muß. Hat es nicht genügt, daß meine Mutter ihr ganzes Erspartes, 3000 Goldmark, 1917 oder 1918 hingegeben hat, aus patriotischer Pflicht? „Gold gab ich für Eisen", hat das damals geheißen. Und das für Goldstücke eingewechselte Eisengeld war dann am Ende nichts mehr wert.

Gut war es da, daß die exakte fotografische Bestandsaufnahme der Person meines Vaters in seinem allerbesten Zustand vorhanden war. So konnte man wenigstens sehen, wie alles an ihm gewesen ist. Mich aber lächelt er immer noch an mit seinen echten Zähnen, mein Vater. So könnte ich mir einbilden, er wäre mit meinen Taten zufrieden. Das kann ich aber nicht vollständig glauben, da man heutzutage mitunter Dinge tut (oder tun muß?), für die sich meines Vaters Lächeln gewiß nicht hätte gewinnen lassen. So betrachtet ist der Matrose im Großformat auch ein wenig mein Gewissen. Vielleicht habe ich deshalb noch keinen rechten und dauerhaften Platz für das Bild bei mir gefunden. Im Augenblick liegt es – von einer weichen Decke umschmeichelt – im Bettkasten meiner Schlafcouch.

„Stille Nacht, Heilige Nacht"

oder wie auch termingerecht gestritten werden kann

Es soll Familien geben, in denen nie gestritten wird. Na ja, dort wird man sich statt dessen mit hundsgemeinen Freundlichkeiten und falschem Lächeln das Leben gegenseitig sauer werden lassen. Bei uns daheim wurde gestritten, nicht regelmäßig und auch eher etwas einseitig. Die Einseitigkeit lag darin begründet, daß mein Vater ein sehr friedfertiger Mensch gewesen ist, vielleicht sogar ein Phlegmatiker von Gemüt. Meine Mutter aber war Sanguinikerin. Und was für eine! Sanguinikerin mit einem nicht zu kleinen Schuß Cholerik. Das kann aber auch mit der Überfunktion der Schilddrüse meiner Mutter zu tun gehabt haben.

Wer jetzt denkt, ich möchte meine Mutter noch nach ihrem Tod verunglimpfen, soll es denken. Ich habe sie ja trotz ihres leicht aufbrausenden Blutes sehr gern gehabt und kann nichts Unrühmliches über sie berichten. Was könnte ich auch schon gegen dieses Sanguinische mit dem kräftigen Schuß Cholerik im Gemütsleben meiner Mutter haben, wo ich diese Gemütsmischung nahezu voll und ganz von ihr geerbt habe und damit frei nach Goethe sagen müßte: „Was du ererbt von deinen Müttern hast, erwirb es, um es zu besitzen!"

Bei uns daheim wurde also unregelmäßig gestritten. Meist war die beständige Knappheit an Geld und an Dingen des täglichen Bedarfs der eigentliche Anlaß zum Streit. Also war die Streiterei keine Schande, weil Armut, die den Anlaß gegeben hat, nach einem Sprichwort auch keine Schande ist. Der einzige regelmäßige Streit, im voraus schon vom Termin her zu berechnen, war derjenige, der drei Tage vor dem Heiligen Abend bei uns daheim aufgekommen ist. Es war im Grunde recht gut, daß dieser Streit termin- und fristgerecht eingehalten worden ist. So konnten wir Kinder uns auf ihn vorbereiten. Mit uns ist ja eigentlich nie gestritten worden, wenn wir auch sicher in vielen Fällen der Anlaß dazu gewesen sind, schuldhaft oder unschuldig, je nachdem. Da der Streit also Erwachsenensache war, hatten wir Kinder unsere wichtigen Rollen dabei. Wir waren so etwas wie Boten durch das Niemandsland der unsäglichen Verstimmung. „Sag deinem Vater, das Essen steht auf dem Tisch!" Oder: „Frag deine Mutter, ob wir nun morgen nach Dingsda wandern wollen oder nicht!" Mit höchst diplomatischen Aufträgen wurden wir also durch die Dreizimmerwohnung geschickt und haben dabei in jungen Jahren gelernt, daß ein Streit nie zum Krieg werden muß, wenn der Wille zum Verhandeln da ist und es an geschickten Gesandten nicht fehlt.

Warum bei uns allerdings immer drei Tage vor Weihnachten die Verständigungsmöglichkeiten zwischen Vater und Mutter einer so großen Einschränkung unterlagen, weiß ich bis auf den heutigen Tag nicht. Darüber haben wir Kinder, meine Schwester und ich, nie nachgedacht. Wir haben uns vielmehr bemüht, die Spannungen spätestens am 24. Dezember nachmittags beilegen zu können. Was müssen wir doch für gute Diplomaten gewesen sein, daß wir Jahr für Jahr unsere Eltern gemeinsam ins Wohnzimmer zu schieben vermochten, damit sie dort alles für den Besuch des Christkindls vorbereiten konnten. Wir selbst durften ja am Heiligen Abend mit Anbruch der Dämmerung das Wohnzimmer nicht mehr betreten, wegen der zu erwartenden Christkindl-Ankunft. Wir haben freilich vorher noch aus dem Keller Holz und Kohlen in größeren Mengen heraufgetragen, weil zu Weihnachten, zu Silvester und nochmals am Dreikönigstag der Kachelofen im Wohnzimmer geheizt worden ist. Nur an diesen drei Tagen. Und die Kachelofenpremiere war also jeweils am 24. Dezember. Das allein hat dem Tag schon seine besondere Weihe gegeben.

Nun waren also die Eltern friedlich vereint im Wohnzimmer, dessen Türe verschlossen wurde. Wir Kinder sollten ja auf keinen Fall – und wenn es nur aus Versehen gewesen wäre – hinein, ehe nicht das Christkind dagewesen war. Das Christkind hat nämlich bei uns das Weihnachten hergerichtet. Es hat den Tannenbaum behängt, der eine Fichte gewesen ist, die Kerzen angezündet und vor allem die Geschenke gebracht. Das stand für mich Buben eisern fest, noch als ich an die acht oder gar neun Jahre alt war. Ich muß mich noch heute bei meiner um fast sieben Jahre älteren Schwester dafür bedanken, daß sie noch als vierzehnjähriger Backfisch mir Siebenjährigem nie und nimmer verraten hat, wer da wirklich den Heiligen Abend im Wohnzimmer vorbereitete. Eine Gschaftlhuberin und Freudverderberin ist meine Schwester eben nie gewesen.

Ab und zu ist meine Mutter aus dem Wohnzimmer gekommen und hat gemeint, daß das Christkindl nun jeden Augenblick kommen müsse und daß wir ja nicht durch das Schlüsselloch schauen sollen, weil es uns sonst die Augen ausbläst oder wenigstens mit allen Geschenken und dem Baumschmuck wieder verschwindet, durch das Fenster, wo es auch hereingekommen ist bei uns. Was für eine Spannung dann, wenn meine Mutter im Wohnzimmer laut zu reden begonnen hat: „So, jetzt mach das Fenster auf, Ottl, es muß ja jeden Augenblick kommen, das Christkind." Dann hörten wir, wie das Fenster geöffnet wurde. „Wo es nur so lang bleibt? Sicher hat es beim Dräxlmeier drunten wieder soviel zu tun, weil das Fannerl vom Dräxlmeier wieder soviel bestellt hat. Das Madl bekommt ja nie genug."

Ja, und dann ist das Christkind gekommen. Zum Fenster herein, wie gesagt, in unseren vierten Stock, in die Mansarde, über die ungemein schiefen und gefährlich steilen Dächer. Ich habe dem Christkind ob seines Mutes, sich in solch schwindelnder Höhe zu bewegen, damals mehr Bewunderung gezollt, als sie mir heute diese forschen Himalaja-Hinauf-und-Herunterrenner abringen können. Und wie meine Mutter mit dem Christkind reden hat können! Wie mit einem ganz normalen Menschen! Wir haben von außerhalb der Wohnzimmertür zugehört und unsere Mutter dabei sehr bewundert. So eine welt-, ja, himmelsgewandte Frau! Mit dem Christkind reden, als wäre nur der Kaminkehrer übers Dach zu uns hereingestiegen! Am Ende ist das Fenster hinter dem Christkind, nach dessen gebührlicher Verabschiedung, wieder zugemacht worden. Dann hat man ein feines Glöckerl gehört, die Wohnzimmertür wurde aufgesperrt, und wir durften hinein. Nur zögernd sind wir der Aufforderung gefolgt. Wir haben uns fast nicht hineingetraut in das nun so schöne Zimmer, das in der übrigen Zeit des Jahres immer so kalt und abweisend gewesen ist. Nun war es warm und voller Kerzenlicht und Wachsgeruch. Und der Flügelschlag vom Christkindl war auch noch spürbar in der Zimmerluft.

Der Rest ist einfacher zu erzählen. Das Christkind hatte alles wieder ordentlich so gemacht, wie es alle Jahre zu geschehen hatte: Meine kleine Ritterburg war wieder da, die Zinnsoldaten waren im neuen Glanz, weil vom Christkindl neu gegossen. Es waren übrigens keine Soldaten, sondern Ritter. Mein Vater war mehr ein Ritter als ein Soldat. Die Aufzugfeder der Lokomotive meiner Uhrwerkeisenbahn war wieder zusammengelötet und sorgte bis mindestens zum Nachmittag des ersten Weihnachtsfeiertages für maschinellen Antrieb. Dann mußte die Lokomotive wieder, wie alle Jahre, dank gebrochener Feder von Hand über die Geleise geschoben werden.

Meine Schwester hat sicher auch Geschenke bekommen. Die habe ich aber nie angeschaut, weil mir meine Lokomotive sehr wichtig gewesen ist. Oder gar der neue Güterwagen für diese Spielzeugbahn! Was sind da Weibersachen dagegen? Mitten in den ersten Testfahrten mit der reparierten Lok kam dann regelmäßig das Wort meines Vaters: „Ja, schauts nur grad hin, wie schön unser Baum heuer ist!" Also haben wir zum Baum hingeschaut, ihn gelobt und bewundert, wir scheinheiligen Kinder. Was ist ein Baum in all seiner weihnachtlichen Pracht gegen einen neuen Spielzeug-Güterwagen mit richtigen Schiebetüren?

Nach diesem Aufruf zum Baumanschauen, das haben wir Kinder gewußt und gefürchtet, ist unweigerlich das gekommen, was man den offiziellen Teil des Heiligen Abends nennen könnte. Meine Mutter hat ihre Mundharmonika geholt und das Lied „Stille Nacht, Heilige Nacht" darauf intoniert. Beim zweiten Mal mußten wir alle mitsingen. „Weil sonst kein Weihnachten ist", hat die Mutter gesagt. Meine Schwester und ich haben es ja auch ganz gern gesungen, dieses Lied. Nur, wie sollten wir es hinter uns bringen, ohne zu lachen? Wo doch mein Vater auch mitgesungen hat! Darum haben meine Schwester und ich das Lachen nur äußerst schwer, eher überhaupt nicht halten können. „Otto, sing halt auch ned so falsch", hat meine Mutter nach der dritten und letzten Strophe gesagt. Und mein Vater, der herzensgute Mensch, hat immer gesagt und dabei gelächelt: „Was, hab ich leicht falsch gsungen? Hab gar nix gmerkt davon."

Nach diesem musikalischen Ritual ist dann bei uns daheim das Weihnachtsspiel gekommen. Ein Zweipersonenstück, verfaßt von meiner Schwester, in Szene gesetzt auch von ihr. An einen Inhalt oder eine Handlung kann ich mich nicht erinnern. Ich sehe mich nur immer als Zwergerl, was bei meiner damaligen Kleinheit und mit Hilfe meines Kapuzenmäntelchens leicht zu machen war. Meine Schwester habe ich sehr länglich und ganz feierlich weiß in Erinnerung. Wird halt ein Nachthemd gewesen sein, was sie da auf der gar nicht vorhandenen Bühne unseres Wohnzimmers getragen hat. Ob sie einen Engel dargestellt hat oder eine Prinzessin, vielleicht das Schneewittchen, das weiß ich auch nicht mehr. Wahrscheinlich wird meine Schwester eine Prinzessin gewesen sein. Erstens war sie ihr Leben lang immer fürs Märchenhafte, und zweitens wird sie sich gesagt haben, daß eine Prinzessin leichter zu spielen ist als ein Engel, weil Prinzessinnen ja keine Engel sein müssen. Was uns in unseren illustrierten Blättern in Wort und Bild jederzeit bewiesen wird. Das Ensemble hat jedenfalls viel Applaus bekommen, und dann hat endlich der Heilige Abend richtig anfangen können.

Ein festliches Essen hat es übrigens auch gegeben. Keinen Spiegelkarpfen, dafür aber Würste, gebraten oder gesotten oder beides, mit Kartoffelsalat. Das Festliche an diesem Essen war, daß man ausnahmsweise und wirklich nur an diesem Abend im Jahr so viele Würste essen durfte, wie man wollte und konnte. Wobei mein Appetit dummerweise an diesem Abend wegen der Uhrwerkslokomotive und dem neuen Güterwagen ein beschränkter gewesen ist. Wir haben am Heiligen Abend auch so lang aufbleiben dürfen, wie wir wollten. Und das Fenster ist auch noch einmal aufgemacht worden, um die Glocken zu hören, die in meiner lieben, alten Stadt am Strom von gut und gern siebzig Kirchen zur Christmette läuteten, am mächtigsten vom Dom. Da waren wir alle still und schauten in die Nacht hinaus. Das war auch recht feierlich.

Irgendwann am Heiligen Abend hat meine Mutter dann das erste Stamperl Kräuterlikör getrunken. Der kam zu jedem Weihnachten als Geschenk eines Onkels. Wir haben auch ein halbes Stamperl davon probieren dürfen. In den folgenden Tagen hat meine Mutter dann öfter keinen guten Magen gehabt und sich so einen „Streitberger Bitter" aus der Fränkischen Schweiz „gönnen müssen", wie sie gesagt hat. Das ganze Jahr über war dann ihr Magen wieder in Ordnung. Da war ja auch kein Kräuterlikör mehr da. Und so kann ich mir heute noch meine Kinderweihnacht geschmacklich und geruchlich zurückholen. Ich muß mir nur so eine Flasche Bitteren aus der Fränkischen Schweiz kaufen. Aber eben nur eine einzige Flasche. Es ist ja nicht das ganze Jahr Weihnachten. Das ist auch gut so; denn das habe ich schon als Kind begriffen, wenn wir am zweiten Weihnachtsfeiertag nach all dem Gans- oder wenigstens Schweinsbraten, nach dem hausgebackenen Stollen, den Plätzchen und den Elisenlebkuchen – letztere immer ein Geschenk unserer Nürnberger Tante – schon etwas schwer und matt geworden waren. Da hat unser hauseigener Philosoph, der sonst so stille Vater, immer das große, wahre Wort zitiert: „Nichts ist schwerer zu ertragen, als eine Reihe von guten Tagen!" Was uns allerdings nie daran gehindert hat, uns ein ganzes Jahr auf die nächsten guten Tage zu freuen, auf Weihnachten im nächsten Jahr. Und von dem wußte man, daß es ganz bestimmt kommt. Der Termin stand fest: drei Tage nach dem letzten Ehekrach im Jahr bei uns daheim.

Die Ondulier-Anna mit den Bücklingen

oder wie einem ein Mensch verlorengehen kann

Ein Kragenknopf, das habe ich immer schon gewußt, kann einem leicht verlorengehen. Heute ja nicht mehr, weil man keine mehr hat und keine mehr braucht. Aber mein Vater hat einen gehabt für seine gestärkten Hemdkrägen, die zu seiner Zeit noch mittels besagten Kragenknopfes an die kragenlosen Hemden geheftet wurden. Wie oft habe ich als Bub nach diesem väterlichen Kragenknopf suchen müssen! Der Platz unter dem Kanapee erwies sich dabei als besonders häufiger Fundort.

Ein Kragenknopf konnte einem also verlorengehen, wenn man ihn auch in fast allen Fällen wiedergefunden hat, in der Regel sogar rechtzeitig. Daß einem aber ein Mensch so einfach verlorengehen kann, das ist mir jetzt erst bewußt, da ich anfangen will, aus Buchstaben ein kleines Denkmal für die Ondulier-Anna zu bauen. Ja, für die Ondulier-Anna. Die hat es zu der Zeit gegeben, da die Weimarer Republik gerade in ihren letzten Zügen gelegen ist und meine Eltern mir den ersten Schulranzen kaufen mußten, mit allem, was da so dazugehörte. Ein gewisses finanzielles Problem war das bei uns schon. Knapper Familienetat, keine Lernmittelfreiheit, kein Kindergeld, übrigens auch kein Schulbus für zwei Kilometer Schulweg, einfach. Die Schule hieß „Von-der-Tann-Schule", weil sie an der Von-der-Tann-Straße lag, in Regensburg, meiner schönen, alten Stadt am Donaustrom. „Der Depp geht ins Von-der-Tann-Gymnasium", hat man von mir gesagt. Und das war Hohn und Spott. Warum? Einfach zu erklären: Es gab damals noch die Konfessions-Volksschule. Weil wir aber recht wenig Evangelische in Regensburg gewesen sind, hat man in unserem Schulhaus die – in diesem Fall überkonfessionelle – „Hilfsschule" mit untergebracht. Heute nennt man das „Sonderschule" und spottet nicht mehr soviel darüber.

Das waren also meine damaligen ABC-Schützen-Verhältnisse. Aber nun zur Ondulier-Anna. Und die ist mir wirklich verlorengegangen, schon weil ich nicht mehr weiß, wie sie ausgeschaut hat. Nur eines weiß ich sicher: Daß sie mir siebenjährigem Buben ungemein schön und zart und edel vorgekommen ist. Meine Schwester hat eine kleine Porzellanpuppe gehabt, die auch so blaß und schön war wie die Ondulier-Anna. Die Porzellanpuppe habe ich immer in einen Wagen meiner Uhrwerk-Eisenbahn gelegt und sie unter Beachtung aller Sicherheitsmaßnahmen durch meine kleine Kinderwelt transportiert. Bis dann eines Abends die Anna an unserem Tisch in der Wohnküche gesessen ist. Da habe ich keine Porzellanprinzessin mehr nötig gehabt, da war eine wirkliche Prinzessin zu uns in den vierten Stock unters Mansardendach heraufgekommen.

Um zu uns heraufzukommen, mußte die Anna von ihrer Wohnung genau 80 Stufen gehen, das weiß ich noch ganz gewiß. Die Anna hat nämlich als Zimmerfräulein (damals durfte man junge Mädchen noch „Fräulein" nennen) im Parterre bei zwei unverheirateten älteren Schwestern (die hörten auch gern auf „Fräulein") gewohnt, die ihr ein Zimmer vermietet hatten. Die Schwestern haben Anna und Therese Roithmeier geheißen und waren zu uns Kindern im Haus immer sehr nett, obwohl wir im Hof vor ihren Fenstern meist sehr laute Spiele trieben. Wie aber die Ondulier-Anna mit dem Familiennamen geheißen hat und wie sie ausgesehen hat, das weiß ich nicht mehr. Da geht es mir wie dem Dichter Bert Brecht mit seiner Augsburger Jugendliebe Marie: „Doch ihr Gesicht, das weiß ich wirklich nimmer. Ich weiß nur: ich küßte es dereinst." Was nun nicht heißen soll, daß ich die Anna geküßt habe. Ganz gewiß nicht. Solche Sachen habe ich erst sieben Jahre später getan, unbeholfen, hinter der Mauer des Zentralfriedhofs.

Ich kenne also ihren Familiennamen nicht mehr und kann mich nicht erinnern, wie sie war. Nur, daß sie mir über alle

Maßen schön und zart vorgekommen ist und daß ich ganz gewiß recht glücklich gewesen bin, wenn sie an unserem Tisch mir genau gegenüber gesessen ist. Sie kam nämlich immer zum Abendessen zu uns herauf. Da hatte sie eine Ansprache, weil meine Mutter eine recht gesprächige Frau gewesen ist. Die Anna hat ihr Abendessen immer selbst mitgebracht, und sie kam natürlich nicht an jedem Abend. Wenn sie aber kam, hat sie offenbar immer einen Bückling dabeigehabt. Ich erinnere mich an kein anderes Essen der Ondulier-Anna als an Bücklinge. Diese geräucherten Heringe hat man damals nicht tischfertig als Filets kaufen können. Man hat den ganzen Fisch heimgetragen, eingewickelt in Butterbrotpapier, am Tisch dann zerlegt und mühsam entgrätet. Es war nicht wenig Arbeit. Dafür schmeckte der Lohn um so besser: fette, rosige Filetstückchen, die man am besten auf ein Butterbrot legte. Da mag es nun vielleicht noch interessieren, daß das Wort „Bückling" durchaus nicht vom Buckelmachen kommt. Es leitet sich vielmehr von „boc" ab, also vom Ziegenbock, und will auf den aufdringlichen Geruch dieses geräucherten Herings hinweisen. Lassen wir aber die Ondulier-Anna jetzt in Ruhe ihren zerlegten Bückling essen und den Tee mit Milch dazu trinken, den meine Mutter immer zum Abendessen bereit hatte. Wenden wir uns dem Beruf meiner Prinzessin zu. Der ist gewiß schon erraten: Sie war Frisöse. Ob sie noch ein Lehrmädchen war oder schon ausgelernt hatte, das kann ich auch nicht sagen; denn für einen Siebenjährigen wäre auch eine Sechzehnjährige schon eine sehr erwachsene Dame. Ich glaube aber eher, daß sie so eine Mittzwanzigerin war, also eine, die vom Leben zwangsweise schon etwas erfahren hat. Von auswärts muß sie gewesen sein, sonst hätte sie ja nicht dieses möblierte Zimmer bei den Roithmeier-Schwestern nötig gehabt. In der Stadt hat sie wohl keine näheren Bekannten gehabt, sonst wäre sie nicht so oft zu uns heraufgekommen. Und bei uns, das weiß ich ganz sicher, hat sie sich sehr wohl gefühlt. Das spüre ich fast heute noch.

Wer die Anna erstmals zu uns heraufgebracht hat, weiß ich auch nicht. Ob es meine allzeit lustige Schwester gewesen ist oder meine nicht weniger fidele Mutter, die oft bei den Roithmeier-Schwestern auf einen Ratsch hineinkam? Jedenfalls, sie war da, die Anna, und gehörte ein wenig zu uns. Sie war nicht unser einziger Gast. Damals hat man sich ja in einem Miethaus immer wieder besucht, lieh vielleicht nur ein wenig Salz oder Zucker aus, blieb sitzen, stand irgendwann jäh auf: „Ja, was werden denn die Meinigen denken, daß ich mich jetzt so verratscht hab!" Gestört hat man ja nie bei diesen Besuchen, weil kein Krimi um Viertel nach acht begann, und sich die Frage, ob heute ein Mannsbild oder ein Weiberleut die miserablen Ereignisse des Tages vorlesen wird, noch nicht stellte. So konnte auch die Ondulier-Anna gewiß sein, daß sie uns unterm Dach nicht stören würde. Im Gegenteil. Eine Abwechslung war das und für mich eine wahre Freude.

Die Anna hat sich bei uns auch nützlich gemacht. Mit der Brennschere. Die hat sie nicht mitbringen müssen, die war bei uns schon vorhanden, weil meine Mutter ihre Frisuren immer selbst fabriziert hat, fast immer. So hat es dann, wenn die Anna da war, zuerst nach Bückling und dann nach Frisörsalon gerochen, nach verbranntem Haar. Die Kunst, mit der Brennschere Locken zu machen (französisch „onde" = Welle, „ondulation" = Wogen, Wellenbewegung, Kräuseln) erfährt immer wieder eine gewisse Renaissance, weil unsere wunderbaren Frauen von Zeit zu Zeit so ausschauen wollen wie die Damenwelt der zwanziger Jahre. Die Anna hat das Ondulieren zwangsläufig sehr gut beherrscht, es war ja ein wichtiger Teil ihres Berufs, ehe die „ondulation permanente", die Dauerwelle, ihren Siegeszug antrat. Sie hat also nach dem Bückling und dem Tee meiner Mutter schöne Locken gemacht und konnte das Lockeneisen, die Brennschere, in geradezu artistischer, ja virtuoser Manier handhaben. Dieses Instrument wurde auf der Flamme unseres Gasherdes angeheizt, bis es halbwegs glühend aussah. Dann nahm es die Anna aus der Flamme und wirbelte die Schere mit einer Hand ganz schnell herum, offenbar zum Abkühlen. Ich folgerte daraus, daß man die Schere nur wohltemperiert an die Haare bringen durfte. Ich habe dieser Brennscheren-Akrobatik immer mit großem Interesse zugeschaut, wenn ich es auch nie begreifen konnte, warum das alles nun am Abend geschah, wo man bei uns doch nur noch ins Bett ging und die schöne Frisur keinem mehr zeigen konnte.

Vor und nach jener Zeit, da die Anna mit ihren Bücklingen zu uns gekommen ist, hat sich meine Mutter ihre Frisur selbst gemacht. Hin und wieder mit der Brennschere, nur daß sie diese nicht so leicht und spielerisch herumwirbeln konnte wie die Anna, meistens aber nur mit den Lockenwicklern. Die gibt es heute auch noch, damals waren sie aber aus Holz und wurden mit Gummiringen im Haar festgehalten. Mit diesen Lockenwicklern ist meine Mutter dann ins Bett gegangen, was ich nie begreifen konnte, weil ich mit solchen Marterwerkzeugen niemals hätte einschlafen können. Früh erkannte ich dadurch, daß die Frau das stärkere Geschlecht ist.

Wenn meine Mutter die Lockenwickler im Haar gehabt hat, haben wir manchmal über sie gelacht. Wie sie so dastand: im Nachthemd und am Kopf lauter kleine Beulen. Sie hat übrigens am meisten gelacht und dann einen Schlager gesungen, der damals offenbar beliebt gewesen sein muß: „Portiunkula, Portiunkula, wie schön bist du bei Nacht. Am Tag, da bist du nicht so schön, doch abends, wenn die Sterne stehn. Portiunkula, Portiunkula, wie schön bist du bei Nacht!" Wir haben dann noch mehr gelacht, obwohl wir uns, auch meine Mutter nicht, keine Vorstellung machen konnten, was das sein soll, eine „Boadschungala", wie meine fränkische Mutter das so sang. Daß dieser Name von jener kleinen Kapelle bei Assisi kommt, die der heilige Franz gern aufsuchte, das habe ich erst viel, viel später in einem Lexikon gelesen, weil ich endlich wissen wollte, wer denn dieses „Boadschungala" aus der Lockenwicklerzeit meiner Mutter wohl gewesen sein könnte. Nun ja, wie der „Sonnengesang" des heiligen Franziskus hat sich meiner Mutter Lied nicht angehört.

Weit weg bin ich jetzt gekommen von der Ondulier-Anna, der Frau meiner allerersten unbewußten Liebesträume. Bis zur Portiunkulakapelle bei Assisi. Es wird Zeit, wieder von der Anna zu reden. Aber was? Ich weiß ja nicht viel mehr von ihr, als daß sie schön war, Bücklinge aß, Frisöse war und bei den Schwestern Roithmeier ein möbliertes Zimmer bewohnt hat. Und daß ich sie sehr verehrt habe. Ein schöner Verehrer, der dann nicht einmal mehr weiß, was mit ihr weiter passiert ist. Ein Verehrer, dem seine Königin und bleiche Prinzessin einfach so verlorengeht.

Die Ondulier-Anna ist so ungefähr zwei Jahre lang ein lieber Abendbesuch bei uns gewesen. Dann ist sie auf einmal nicht mehr gekommen. Da ich ein sehr sensibler Bub gewesen bin, hat man mir wahrscheinlich irgendetwas vorgelogen. Und so habe ich erst viel später erfahren, nämlich erst, als sie mir überhaupt wieder eingefallen ist, daß sie ein paar Monate nach ihrem letzten Besuch bei uns in einem Sanatorium gestorben ist. Schwindsucht, so hat das Volk damals zur Lungentuberkulose gesagt. Darum ist die Anna also gar so blaß gewesen und so still. Es wird ihr oft nicht gut gegangen sein. Ich habe aber nie eine Klage von ihr gehört. Vielleicht hätten ihr Lugano oder Davos das Leben retten können. Vielleicht. Aber was hätte sie dann leiden müssen in den schlimmen Jahren, die nach der Zeit gekommen sind, in der ich nicht mehr eine Porzellanpuppe im Spielzeugwaggon als Prinzessin herumfahren mußte, weil eine wahre Prinzessin, bleich, schön und still, in unsere Welt unterm Dachboden gekommen war: die Ondulier-Anna, mit einem goldglänzenden Bückling in der Hand, die Lockenschere als Zepter schwingend.

Waschtag

oder warum Ehemänner früher treu sein mußten

Es hat damals schon das Lotteriespiel gegeben. Dem kleinen Mann war das aber genauso verwehrt wie der Besuch in einem Spielkasino. Doch an einer Lotterie war unsere Familie, besonders meine Mutter, schon beteiligt. Sie hat „Waschtag" geheißen. Und es ist wirklich viel von einer Lotterie, von einem Glücksspiel, dabeigewesen. Schon der Einsatz. Der erfolgte lang vor dem Waschtag. Er kostete kein Geld. Man hat sich in dem Mietshaus, in dem wir gewohnt haben, lediglich in ein kleines Heft eintragen müssen, das bei den Roithmeiers ausgelegt ist, die im Parterre gewohnt haben. Da schrieb man einfach seinen Namen hinein und jene zwei Tage, an denen man das Waschhaus benützen wollte. Das war nun das Risiko von dieser Lotterie; denn jetzt begann eben die Spannung, wie man gleich sehen wird.

Wer heute seine Wäsche einer Maschine anvertraut, wird nicht begreifen können, wo beim Waschen die Lotterie sein soll. Der Gewinn besteht schließlich in weiter nichts als in sauberer Wäsche. Und diesen Gewinn kann man täglich, ja, stündlich haben, er ist absolut sicher, ja, geradezu garantiert. Aber damals war das eben nicht so. Der Gewinnposten „Saubere Wäsche" war zwar auch sicher, doch gab es da noch einen zweiten, sehr wichtigen Gewinnposten: das Wetter. Und genau darin lag das Risiko. Die nasse Wäsche sollte ja schließlich in der „Wäschaufhäng" des Hofes und nicht unterm Dach, im Trockenspeicher, getrocknet werden. Sonne war also nötig am Waschtag. Und die Waschtagsonne war die Lotterie der braven Hausfrau.

Der Waschtag meiner Mutter begann schon am Tag vorher. Alle gebrauchte Wäsche wurde in Körben von unserer Dachwohnung im vierten Stock die 96 Stufen in den Keller hinuntergetragen, wo auch das Waschhaus war. Es hatte eine Tür zum Keller und eine andere zum Hof. Durch die kellerseitige Tür wurde die schmutzige Wäsche hineingetragen, auch der Waschtrog, das Heizmaterial für den Waschkessel und das Waschmittelzeug. Der Waschtrog wurde in der Mitte des dunklen, feuchten Raumes auf zwei Böcke gestellt. Zwei, drei Holzschäffer gruppierten sich darum herum, in der Ecke beim Kamin befand sich der gemauerte Waschkessel, der mit Holz und Kohle befeuert wurde. Später, als sich modernere Zeiten ankündigten und Kernseife und Wurzelbürste vom Waschpulver abgelöst waren, gesellte sich der Luxus einer Schleuder dazu. Diese wurde mittels einer großen Handkurbel zu zentrifugalen Kräften gebracht, von mir, weil das Sache junger, kräftiger Menschen war.

Am ersten Tag wurden zunächst Waschtrog und Schäffer gewässert, um sie dicht zu machen. Dann wurde die Wäsche über Nacht eingeweicht. Der zweite, der Haupttag, war dann Kochen, Dampfen, Bürsten, Reiben, Stampfen und Wringen. Am Ende lag die Wäsche naß in den Körben. Regnete es, war die Sache einfach: Die ganze schwere Naßwäsche mußte dann die 96 Stufen wieder in den vierten Stock getragen werden, wo, als unsere Nachbarschaft, der Trockenspeicher lag. Schwer das Hinauftragen und traurig die Arbeit. Die Waschtag-Lotterie hatte dann nur eine Niete gebracht.

Schien aber die Sonne durch das kleine Waschhausfenster, hatte die Lotterie einen Haupttreffer beschert. Dann hat meine Mutter im Waschhaus lustige Lieder gesungen, und die Körbe mit der Wäsche schienen federleicht zu sein. Nur ein paar Stufen hinauf zum Hof, wo der liebe und lang gewachsene Sohn mittlerweile die Wäscheleine gespannt hatte. Wäsche aufhängen. Eine Kunst, bei der es galt, Leine zu sparen. Ich ging meistens nebenher und habe meiner Mutter die Wäscheklammern gereicht, die „Klupperln".

Wäsche aufhängen. Das war aber auch eine Art Offenbarungseid. War alles wirklich sauber gewaschen? Bei uns, die wir nicht die begütertsten Leute in diesem Mietshaus gewesen sind, gehörte auch noch eine ganz besondere Taktik dazu. Die guten Stücke wurden nach vorne gehängt, wo die Hausbewohner vorbeikamen. Was schon geflickt war – und geflickt war bei uns so manches gute Stück Bettuch oder auch Hemd – hängte meine Mutter mehr in den Hintergrund. Muß ja nicht jeder sehen, daß man Geflicktes im Bett oder am Leib hat. So war das halt in jenen Tagen.

Zum Wäscheaufhängen gehörte rituell das Defilee. Wie zufällig kamen die Hausfrauen der anderen Wohnungen vorbei, mußten gerade jetzt einkaufen oder wenigstens den Mülleimer ausleeren. „So schöne Bettücher ham S'", sagte da vielleicht eine. „Ach wo, die sind ja schon alt, und ich bräuchert längst neue", sagte meine Mutter dann darauf. Keine der lieben Nachbarinnen aber ist je vorbeidefiliert, ohne die wichtigste Bemerkung loszuwerden, die über das Wetter, über die Sonne, über die gewonnene Waschtagslotterie. „Da sieht man halt, daß Sie einen treuen Mann ham, wo die Sonn gar so schön scheint!"

Das war vielleicht eine Bemerkung! Bosheit kann es nicht gewesen sein, weil meine Mutter diesen Satz gegenüber ihren Nachbarinnen genau so benützt hat. Aber ich kam immer ins Grübeln dabei. Welche Zusammenhänge sollte es zwischen gutem Waschtagwetter und ehelicher Treue geben? Von meinem Vater habe ich damals schon gewußt und weiß es heute noch viel mehr, daß er meiner Mutter, auch wenn sie sehr herb oft mit ihm umgegangen ist, nicht nur bei Sonnenschein, sondern bei jeder Art von Wetter treu gewesen ist. Was sollte das also: Sonne am Waschtag setzt Treue des Ehemanns voraus?

Nachträglich denke ich mir heute oft, weil man ja nur noch selten nasse Wäsche im Wind flattern sieht, daß es ganz gewiß gut ist, daß irgendwer diese Wäschetrockner erfunden hat, diese blasenden Maschinen. Könnte ja leicht sein, bei der heutigen Art zu leben und alles viel lockerer zu sehen, die Schwüre leichter zu nehmen oder gleich gar keine zu leisten, daß die Sonne gar nicht mehr herauskommen wollte. Schließlich hat immer auf dieser Welt irgendeine Ehefrau oder Lebensgefährtin (oder irgendein Hausmann oder Lebensgefährte) Waschtag. Und die Sonne, die nicht herausgekommene, brächte es dann an den trüben Tag, das mit ihm. Oder auch das mit ihr.

In der Sommerfrische

oder wie auch Engel ein Taxi fahren können

Also, Urlaub haben wir nicht gemacht. Wir sind einfach in die Sommerfrische gefahren. Wie das meine Eltern fast jedes Jahr möglich machen konnten, kann ich noch heute nicht so recht begreifen. Mein Vater bezog ein kleines Beamtengehalt, gerade so zum Durchkommen. Sicher, meine Mutter war die ideale Kleinbeamtenfrau, ausgestattet mit einer phänomenalen Begabung zur Sparsamkeit. Sie machte vieles selber, ihre und meiner Schwester Kleider, meine Hosen, meist auch ihre Frisur. Und der Küchenzettel enthielt Sattmachendes, das billig zu haben war, vor allem Kartoffeln und Gemüse.

Die Fahrt ins Gebirge war unser kleinstes Problem, ja überhaupt keines; denn mein Vater war Eisenbahner und bekam für sich acht und für uns Familienangehörige je zwei Freifahrtscheine im Jahr. Das war vielleicht auch der Grund, warum wir verreisten; wenn doch die Fahrkarte schon da ist und sonst verfällt! Die Bahnreise war bereits ein großes Erlebnis. Die Fenster in den Waggons konnten damals noch ganz heruntergezogen werden. Ich lehnte die ganze Fahrt über aus dem Fenster, war fasziniert von der Lok, die man in den Kurven ganz vorn sehen konnte und blieb unbeeindruckt von Rußflocken und Fahrtwind. Es war einfach schön.

Das Quartier war keineswegs vorausbestellt. So etwas war nur bei reichen Leuten notwendig, die in einem der damals noch raren Nobelhotels Unterkunft finden wollten. Am Zielbahnhof stiegen wir aus, gingen an den würdigen Männern vorbei, auf deren Schirmmütze ein golden glänzendes Messingschild mit dem Namen ihres Hotels angebracht war, und hatten einen sicheren Blick für jene schüchternen Gebirgler, die im Hintergrund auf dem Perron herumstanden, als wären sie nur einmal aus Neugier oder Zufall zum Bahnhof gekommen. Solche Leute hatten ein Quartier unter der Hand anzubieten. Das mußte möglichst unauffällig und schnell geschehen, weil diese Vermieter ja den Abgaben an den Fremdenverkehrsverein (und sicher auch der Steuer) auskommen wollten. Meist waren diese schüchternen Vermieter Holzknechte oder Arbeiter in einem Sägewerk, hatten mit Müh und Schweiß und Schulden für ihre Familie ein Häusl gebaut, das mit Hilfe der Sommerfrischler ein wenig abbezahlt werden sollte. Viel kostete so ein Zimmer nicht, beim Frühstück wurde keineswegs geknausert, und völlig kostenlos gab es jede Menge Fürsorge und Freundlichkeit.

Als ich acht Jahre alt war, ging es nach Oberau bei Garmisch (das damals noch nicht mit Partenkirchen vereint war) in die Sommerfrische. Es war das Jahr 1934, die neue Straße von Oberau nach Ettal hinauf war offenbar gerade fertig geworden, und so konnten Menschen aus aller Herren Länder per Auto bequem auf den vielen Kehren über Ettal nach Oberammergau gelangen, wo – außerhalb des Zehn-Jahres-Rhythmus – Passionsspiele zur 300-Jahr-Feier stattfanden. Wir sind auch einmal hinaufgewandert, über die alte, steile Straße, die nun ein schöner Wanderweg war, standen staunend vor dem Bauwunder von Ettal. In Oberammergau hat ein Türsteher mir Buben einen kurzen Blick ins Passionsspielhaus und auf die Bühne erlaubt. Und das während der Aufführung! Dann sind wir zu einem anderen Bauwunder weitergewandert, ins lange, grüne Graswangtal hinein, nach Schloß Linderhof.

Von der heute so überreichlich vorhandenen touristischen Infrastruktur mit Bädern, Tennis- und Golfplätzen, Fitneßcentern oder Naturlehrpfaden aller Art vermißten wir gar nichts, und um die Wirtshäuser machten wir in der Regel einen Bogen, der knappen Kasse zuliebe. Auf den Almen erhielten wir billig Milch, Käse und Brot, und wenn wir schon einmal richtig einkehrten, bestellte man für uns Kinder „einen Teller mit einem Knödel extra", auf den Vater und Mutter noch einen Teil ihrer Portion legten.

Jeden Tag ging es auf kleine oder große Wanderschaft. So kann ich mir heute noch etwas darauf einbilden, daß ich als achtjähriger Knirps im Sommer 1934 von Farchant aus den Krottenkopf bestiegen habe. Ich bin mir wie auf dem Nanga Parbat vorgekommen, auch wenn dieser viermal höher als der Krottenkopf mit seinen 2086 Metern ist. Immerhin aber ist dieser der Hauptgipfel des Estergebirges, da beißt die Maus keinen Faden ab. Und ich bezwang ihn 1934, wohlgemerkt ganz ohne Aufstiegshilfe.

Die gewaltigste Wanderung in der Sommerfrische des Jahres 1934 führte meine Eltern und mich (meine Schwester hatte gerade ihre Berufslaufbahn begonnen und konnte erstmals nicht mitreisen) von Oberau, Eschenlohe links liegen lassend, durch ein wunderbares Bachtal hinüber nach Einsiedl am Walchensee. Das ist eine Strecke von gut und gern 15 Kilometern, einfach! Ach, was waren wir auf dem Hinweg voller Glück, Harmonie und Lebensfreude! So eine herrliche Wanderung! Blauer Himmel über uns, neben und oft auch unter uns ein rauschender, glasklarer Bach und rund um uns die grüne, schattige Welt des Waldes. Vier Stunden werden wir schon unterwegs gewesen sein, dann lag der Walchensee vor unseren Augen. Silberne Wellen kräuselten die weite Seefläche, in der sich der Himmel spiegelte. Diesen herrlichen Wandertag wollten wir nun in Einsiedl mit einem richtigen Essen krönen. Das hatte der Vater versprochen, nachdem er in seinem Geldbeutel Nachschau gehalten hatte.

Noch heute sehe ich den Wirtsgarten vor mir, in dem wir Platz genommen hatten. Bunte Tischdecken und Sonnenschirme flatterten in einer leichten Brise. So muß Sommerfrische aussehen! Die Bedienung hatte es nicht eilig, wir auch nicht, der Wind leider schon. Der blies sich urplötzlich auf, faßte die Tischdecken, rüttelte wie verrückt an den Sonnenschirmen, und ehe wir es uns recht versahen, war die Sommerfrischenwelt von Einsiedl finster, stürmisch und von Blitzen durchzuckt. Es begann zu regnen, immer heftiger, immer ärger. Trüb schauten wir aus den Fenstern der Gaststube, in die sich alles geflüchtet hatte. Lang konnten wir uns hier nicht halten, da wir ja nicht dauernd bestellen konnten. Außerdem rief der Heimweg nach Oberau unerbittlich. Bemitteltere Menschen hätten sicher den Omnibus nach Mittenwald genommen und wären von dort mit der Bahn nach Oberau gefahren. Uns aber war das zu teuer, und außerdem war meine Mutter der felsenfesten Überzeugung, daß eine Fahrt mit dem Bus in fast jedem Fall tödlich enden muß.

Der Regen ließ nicht nach, und so kam irgendwann der Augenblick des mutigen Aufbruchs. Einziger Trost: Mein Vater erklärte, daß wir ja nur knapp drei Stunden bis Eschenlohe zu gehen hätten. Von dort könnten wir dann mit dem Zug die eine Station bis Oberau fahren. Trotzdem, die Gefühle von Glück, Harmonie und Lebensfreude waren bald beim Marsch durch den tropfenden Wald, über glitschiges Gestein und gefährlich glatte Holzstege auf ein Minimum geschrumpft. Die Mutter stimmte zwar hin und wieder ein munteres Liedlein an, doch je länger der Weg wurde, um so mehr reifte in ihr die Erkenntnis, daß der Vater für die Misere verantwortlich sei. Er hätte ja wissen müssen, daß das Wetter umschlägt. Eine Sanguinikerin mit einem kräftigen Schuß Cholerik hat wenig Mühe, von einer Stimmung in die andere zu kommen. Da mein Vater aber ein Gemütsmensch war, eine Mischung aus heiterem Phlegma und gedämpfter Melancholie, kam es zu keinem Streitgespräch, blieb es beim Monolog mütterlicherseits.

Der große Krach kam erst, als wir nach drei Stunden, es war schon finster, den Bahnhof Eschenlohe erreichten. Wie einen Hafen der Hoffnung hatten wir ihn ersehnt. Und nun war er schon geschlossen. Der letzte Zug war schon vor einer halben Stunde in Richtung Garmisch abgedampft. „Da heirat' man an Eisenbahner, und dann woaß der ned, wann der letzte Zug nach Garmisch geht!" So meine Mutter, allerdings hier in gekürzter Fassung und ohne gewisse Titel zitiert, die sie meinem Vater zukommen ließ, die ihn aber in meinen Augen keineswegs herabsetzten, da ich die Leichtigkeit gewöhnt war, mit der meine Mutter ihren ganz besonderen Wortschatz auspacken konnte, der leider auch den Grundstock zu meinem heutigen eigenen gebildet hat.

Die Einwohner von Eschenlohe mögen es mir nicht übelnehmen, aber ich höre den Namen ihres schönen Dorfes noch heute ungern, da unsere spätabendliche Bahnhofsszene mir noch viele Jahre nicht als erheiternd erschienen ist. Aber ohne den Regen und den bereits abgefahrenen Zug hätte ich nie und nimmer den einzigen Engel kennengelernt, der je in Oberammergau gelebt hat. Der tritt nämlich jetzt auf. Als wir uns im patschnassesten Zustand, den ein Mensch erreichen kann, von Eschenlohe auf der heutigen Bundesstraße auf den Weg nach Oberau gemacht hatten, kam hinter uns ein Auto, was damals durchaus nicht alle paar Sekunden passierte. „Obacht, der fährt uns z'samm!" rief meine Mutter. Er fuhr uns aber nicht zusammen, sondern hielt bei uns an. Es war ein Taxi oder ein Mietwagen aus Oberammergau. „Steigt's ein", sagte der Fahrer, in dessen schmalem Charaktergesicht ein gewaltiger Schnurrbart prangte. Auf den Einwand meines Vaters, daß wir zuwenig Geld für so einen Dienst hätten, kam als Antwort: „Die Fahrt hat schon a reicher Engländer zahlt, den wo ich grad auf Münchn bracht hab. Also, steigt's jetzt ei, es koscht nix!" Meine Mutter, gegenüber Fremden meist sehr rücksichtsvoll, wies auf den hohen Wassergehalt unserer Kleidung hin und daß der seinen Sitzpolstern schaden könnte. „Um so schlimmer für euch da draußn. Steigt's jetzt endlich ein. Da san Deckn. Ihr müaßts ja frieren wia a Neger am Nordpol!"

Der gute Mensch von Oberammergau hat uns bis an unser Häusl gefahren. Ich sehe noch heute, wie mein Vater im Licht der Scheinwerfer und bei strömendem Regen aus seinem Geldbeutel ein Fuchzgerl gefischt und es dem Mann im Auto hingehalten hat. „Ja, hab ich dir ned gsagt, daß die Fahrt schon a reicher Engländer zahlt hat? Schauts, daß ins Bett kemmts, sunscht verkälts euch noch!" Und fort war er, untergetaucht in der Nacht, aus der er gekommen war. Am anderen Tag schien wieder die Sonne, auch bei meiner Mutter, für uns alle drei. Aber den festen Glauben, daß in Oberammergau nicht nur Herrgottsschnitzer, sondern auch ein Engel mit Führerschein daheim ist, den haben wir aus dieser Sommerfrische mit heimgebracht. Und ich habe ihn mir bis heute bewahrt.

Ein virtueller Malerfürst

oder der Segantini vom Labertal

„Eine Wirklichkeit ohne Träume ist ein Albtraum." Diesen Satz, irgendwo und irgendwann einmal gehört, habe ich mir bis heute gemerkt. Für mich gehört er zu den weisen Erkenntnissen dieser Welt, und ein Zeuge für die Wahrheit dieses doch recht lapidaren Satzes bin ich, habe ich mir doch, bei aller Anerkennung und Zurkenntnisnahme der Wirklichkeit, mein Leben lang, bis auf den heutigen Tag, meine Träume vergönnt. Einer meiner besten Freunde, der leider schon 1825 zu Bayreuth gestorbene Dichter Jean Paul, hat mich da in meiner Haltung recht bestätigt: „In der Tat braucht der Mensch bei den besten Flügeln für den Äther doch auch ein Paar Stiefel für das Pflaster." Nachzulesen in den „Flegeljahren". Und sogar auf den mit mir (und auch mit Jean Paul, trotz der Namensähnlichkeit) nie und nimmer vergleichbaren Jean Paul Sartre, den Existentialisten, kann ich mich berufen, der ganz offenbar auch in zwei Welten leben konnte. Er bekennt in „Les Mots" von sich, „daß ich bald ein Luftmensch bin, bald ein Froschmensch, oft beides zusammen, wie das in unserem Spiel zu gehen pflegt: ich wohne aus Gewohnheit in der Luft und schnüffle ohne allzu viel Hoffnung am Boden."

Schon in dem Alter, da ich „ohne allzu viel Hoffnung" an den Grundlagen von Rechnen, Schreiben und Lesen schnüffelte, wohnte ich auch in der Luft meiner selbstgebauten Träume, die – zu meiner Schande muß ich es rückblickend bekennen – vorwiegend materieller Art waren. Ich, der Luftmensch, besaß dann ganze Bündel bunter Farbstifte, hatte mehrere „Paroler", wie wir die großen, für die meisten von uns unerschwinglichen Glasschusser (norddeutsch: Murmeln) nannten, konnte mir ein Pfund Feigenstäbchen kaufen. Das waren mit Schokolade überzogene Stäbchen aus Feigenmark. Und diesen Traum habe ich dann sogar als Dreizehnjähriger verwirklichen können. In den Ferien verdiente ich mir als Lesezirkelausfahrer (mit Lieferrad) etwas Taschengeld. Vom ersten Trinkgeld kaufte ich dieses süße Pfund für 60 Pfennig und vernaschte es auf einen Sitz.

Edlere Träume – weil ich deren Unerfüllbarkeit klar erkannte, also nur träumen wollte – fanden immer kurz vor Weihnachten statt. Da sparte ich rechtzeitig Geld an, um für 50 Pfennig den neuen Märklin-Katalog erwerben zu können. Was für ein Glücksgefühl, darin zu blättern! Modernste Modellbahntechnik mit allem, was dazugehört! Ich sage es noch einmal, daß es mir absolut bewußt war, von diesen teuren Artikeln keinen einzigen erwerben zu können, und doch stellte sich eine seltsame Abart von Begierde (oder sollte man gleich Raffsucht sagen?) ein. Es begann damit, daß ich mir – in eigener Großzügigkeit – erst drei, dann zehn, dann noch mehr Dinge aus dem Katalog wünschen durfte. Dann wechselte ich das System: Von jeder Seite darfst du dir ein Stück wünschen, und wenn du auf einer Seite nichts haben willst, dann nimmst du dir von einer anderen Seite dafür zwei Artikel. So kam ich zu einer herrlichen Modellbahnanlage, wie sie wohl in der ganzen Stadt, ja, im ganzen Land kein anderer Bub mehr vorweisen hätte können. Leider war die ganze Pracht nur eine „virtuelle" Anlage, wie man heute sagen würde, wo man allen Ernstes virtuelle Firmen gründet. Da es diese ja offensichtlich nicht wirklich gibt, können sie auch keine wirkliche Pleite machen. Und so konnten meine Modellbahnzüge auch nicht entgleisen.

Mein Leben mit einer virtuellen Modelleisenbahn-Großanlage zog sich bis in die Gymnasiastenzeit hinein. Dann änderten sich meine Interessen. Während ich die Turnhalle dieses Wissensstempels eher als Folterkammer empfand (ich kann es heute noch nicht begreifen, wie sich jemand, etwa am Barren, freiwillig die Knochen malträtiert), war der Zeichensaal mein Paradies. Psychologen werden gewiß eine gescheite Antwort darauf haben, warum jemand, der zu einem Metier keineswegs groß begabt ist, sich gerade zu dieser Sache hingezogen fühlt. So war das bei mir mit dem Zeichnen und Malen. Das faszinierte mich. Waren es die herrlichen Gerätschaften und Mittel, die man dazu braucht? Das kann durchaus sein. Oder war da im Zeichensaal gar ein Zauberer am Werk? Ich hätte einen Namen für ihn: Oskar Birkenbach, Studienprofessor „für Zeichnen", wie es im Jahresbericht der Regensburger Oberrealschule für 1937/38 lakonisch steht. Wer sich da um mein Kunstverständnis bemühte, habe ich damals nicht gewußt. Der Professor Birkenbach war das halt. Viel, viel später habe ich dann erfahren, daß er ab 1919 Mitarbeiter der vom Dichter Georg Britting und vom Maler Josef Achmann kühn gegründeten expressionistischen Zeitschrift „Die Sichel" gewesen ist, bis diese nach 17 in ganz Deutschland beachteten Nummern nicht mehr gehalten werden konnte. Wie dumpf muß ihm, Oskar Birkenbach, damals die Arbeit mit uns gewesen sein! Wie gern wäre er sicher lieber so ein freier Künstler gewesen, wenn auch vielleicht in einem anderen Lande, damals. Weit vor meinem Jahrgang, mitten im Ersten Weltkrieg, wird Oskar Birkenbach große Freude an einem Schüler gehabt haben, an Alfred Zacharias, dem 1901 geborenen Sproß der Regensburger Malerdynastie Zacharias, der sich später in München als Holzschneider hervortat. Diesem Alfred Zacharias habe ich 1997, ein Jahr vor seinem Tod, noch eine kleine Freude machen können, was mir mit einem Brief und zwei Holzschnitten gelohnt wurde.

Eines konnte der Studienprofessor Oskar Birkenbach allerdings nicht wissen: Daß ich, sein unscheinbarer Schüler, in der Kunstwelt damals als Malerfürst gerade groß im Kommen war. Bei uns daheim hat man das übrigens auch nicht bemerkt. Meine Mutter wunderte sich nur, warum ich neuerdings freiwillig und oft ungewöhnlich früh ins Bett ging. Mein Malerleben fand nämlich nur in der Nacht statt, vor dem Einschlafen. Da zog ich mich in mein Künstlerdomizil zurück, malte gewaltige, in der Kunstwelt Aufsehen erregende Gemälde, vorwiegend heroische Landschaften in menschenleeren Alpenhöhen. Mit mir lebten in meinem Atelierhaus – soweit ich mich erinnere – auch immer wunderbare weibliche Wesen, natürlich jeweils nur ein einziges. Sie kochten nicht, sie putzten nicht, sie waren einfach da. Mag sein, daß sie gesungen, musiziert oder selber gemalt haben. Das weiß ich nicht mehr. Vermutlich war mir einfach klar, daß in ein Künstleratelier auch eine Frau gehört, eine ungemein schöne natürlich. So lebte ich zwischen Farben, Leinwand und Frauen in einem Lebensraum von Harmonie und schier unsäglicher Schönheit. Ein Schlaraffenland der Sinne, ein virtueller Malerfürst in einem virtuellen Arkadien, Nacht für Nacht.

Wenn ich detektivisch in meiner damaligen Kindheit herumrecherchiere, komme ich den Quellen meines nächtlichen Malerarkadiens auf die Spur. Wir hatten da eine bescheidene Hausbibliothek von zwei, drei Reihen Romanen, Trivialromanen, wie man heute verächtlich sagen würde. Ganghofer natürlich, aber auch Jakob Christoph Heer („Der König der Bernina"). Das habe ich alles gelesen, voller Unschuld und von keinerlei literarischer Bildung noch getrübt. Den Weg zum einsamen Maler-Heroen wiesen mir zwei Romane von Richard Voß, „Zwei Menschen" und vor allem „Alpentragödie". Letzterer Roman aus dem Oberengadin schildert Leben, Liebe und Tod eines starken Malergenies, das bisher nie gesehene Bilder einfach schaffen mußte. Viel, viel später habe ich die tatsächlich schon von der Größe her ungewöhnlichen Gemälde dieses Malers mit eigenen Augen gesehen, im Segantini-Museum zu St. Moritz. Richard Voß hatte sich Giovanni Segantini zum Vorbild für seinen Helden genommen, der 1899 allerdings nicht unbedingt heroisch, sondern an einer nicht erkannten Blinddarmentzündung auf seiner Atelierhütte über Pontresina starb.

Ich, der zwölfjährige nächtliche Malerfürst, lebte auch in der freien Natur, weit weg von den Menschen. Allerdings nicht auf hohen Bergen, sondern wunderschön in einem grünen, grünen Tal, durch das sich ein Fluß schlängelt. Ich kannte es von unseren Sonntagswanderungen, das Tal der Schwarzen Laber. Da steht ein niedriges Haus unter einem fast bedrohlichen Felsen, ein Häuschen eher (nein, ganz genau sage ich die Stelle jetzt nicht, und das Tal der Schwarzen Laber ist sehr lang!), eine Idylle. Und in dieser Hütte hatte mein Atelier Platz, obwohl es bestimmt dreimal größer als das Haus unterm Felsen gewesen ist, von den dazugehörigen Räumen gar nicht erst gesprochen. Wer kann sich vorstellen, wie schön es darin gewesen ist und wie glücklich ich und meine jeweilige Muse gewesen sind?

Ein virtuelles Künstlerglück in einem Häuschen im Labertal. Keine Farbtuben waren nötig, keine Leinwand, keine Pinsel, ja, nicht einmal eine Frau. Ich hatte ja alles, sobald ich nur allein in meinem Bett sein konnte. Zwei, drei Jahre später habe ich den Fehler begangen, aus dem Virtuellen ins Reale gelangen zu wollen. Jeden Pfennig, den ich mir verdienen konnte, habe ich dann in Aquarellfarben, Pinseln, Malblöcken und Anleitungsbüchern angelegt. Ein paar Bilder brachte ich auch hervor, ein einziges gibt es noch, eine südliche Landschaft (nach Postkarte gemalt). Es hängt in der Wohnung meiner Schwester, und ihr gefällt es noch immer. Zu meinem Glück habe ich dann absolut rechtzeitig erkannt, daß die Malerei nicht meine größte Begabung ist (zumal ich auch etwas farbenblind bin).

Aber nur langsam! Es ist noch nicht vorbei. Träume, die man nicht im Schlaf hat, sondern sich selbst baut, also Luftschlösser, halten sich offenbar ewig in uns. Immer, wenn ich durch das Tal der Schwarzen Laber komme, schaue ich an meinem Malerhaus vorbei. Ich weiß jetzt, daß es 1809 gebaut wurde, als der Napoleon mit den Bayern gegen die Österreicher um Regensburg kämpfte, und ich sehe, daß es immer mehr in sich zusammensinkt. Ob ich es vor seinem Untergang noch fotografieren soll? Eine qualitätvolle Ausrüstung habe ich. Oder gar malen? Mit was denn? Keine Angst. Es ist erst ganz kurze Zeit her, daß ich mir in einem hochrenommierten Haus für Künstlerbedarf die teuersten englischen Aquarellfarben, die teuersten Rotmarderpinsel und die teuersten Aquarellpapiere gekauft habe, dazu mehr als ein halbes Dutzend Anleitungsbücher. Ich habe beim Kauf schon gewußt, daß das Unsinn ist. Aber darf man nicht hin und wieder etwas gegen jeden Verstand tun, damit einem jene „besten Flügel für den Äther" nicht abfallen, von denen mein längst verstorbener Freund Jean Paul so schön gesprochen hat?

„Prost, Holzmacher von Paris!"

oder wie man ein doppeltes Kellerkind sein kann

Reiche Leute sind wir nie gewesen, meine Eltern, meine Schwester und ich. Aber zweierlei Keller haben wir schon gehabt. Zu dem einen Keller waren es von unserer Mansardenwohnung genau 96 Stufen hinunter, zu dem anderen ging es zunächst auch die Treppe hinunter, dann zum Hof hinaus, 200 Meter geradeaus, dann rechts herum und noch 300 Meter einen mäßig steilen Berg hinauf, den Galgenberg. In dem einen Keller, dem nach den 96 Stufen, hat es ein wenig nach Kohlenstaub, nach zersägten Telegrafenstangen und nach Kartoffeln gerochen, in dem anderen Keller, dem auf dem Galgenberg, haben sich Düfte von Bier, Käse und Bratwürsten in den mächtigen Kronen der Kastanienbäume verfangen.

Muß ich noch sagen, daß mir der zweite Keller eigentlich immer lieber als der mit den Kohlen und den Telegrafenstangen gewesen ist? Obwohl für mich aus diesem Keller allerhand wichtige Sachen gekommen sind. Haben wir doch – neben den Kartoffeln zur Winterzeit – dort unten leicht verderbliche Lebensmittel gelagert, vor allem im Sommer. Die Butter zum Beispiel. Die habe ich immer vor dem Abendessen von tief dort unten in unsere Wohnung heraufholen müssen. Nie mehr hat mich Butter so appetitlich angelacht, wie die damalige, die im Glaseinsatz eines mit Wasser gefüllten Tontopfes vom Keller frisch auf den Tisch gekommen ist. Die zweimal 96 Stufen hinunter und hinauf haben sich gelohnt. Es kann aber auch sein, daß die lange Zeit, die zwischen meinem heutigen Kühlschrank und dem damaligen Tongefäß liegt, viel Goldflitter der süßen Erinnerung ausgestreut hat, wie das mit Vergangenem oft so ist.

Wir waren, abgesehen von einer Störnäherin, einem Schreinermeister mit seiner Familie und einer Verkäuferin, ein Eisenbahnerhaus. Das war ganz normal, lagen doch Eisenbahnwerkstätten schon auf der anderen Straßenseite, und zum Hauptbahnhof waren es 200 Meter Luftlinie. Ein Fremder, der es nicht gewußt hätte, daß hier Eisenbahner wohnen, hätte es beim Betreten des Hauses gleich in die Nase bekommen. In jedem Eisenbahnerhaus hat es nämlich damals nach Eisenbahn gerochen. Der Geruch kam vom Keller her, wo zersägte und zerhackte Schwellen aufs Einheizen gewartet haben. Die Schwellen, in ihrer hölzernen Existenz der Vergänglichkeit und damit dem Auswechseln unterworfen, hat die Bahn billig an ihre Bediensteten abgegeben. Schwellen haben damals nach einem Imprägniermittel gerochen, dessen Namen sich mir bis heute noch nicht eingeprägt hat. Aber wer diesen Geruch einmal in seine Nase bekommen hat, denkt auch in Zeiten von Betonschwellen immer noch an die alte Holzschwelleneisenbahn. Ganz zwangsläufig. Heute würden diese imprägnierten Schwellen sowieso als todbringendes Material erkannt und als Sondermüll teuer entsorgt werden müssen.

Mein Vater ist ein Werkmeister bei der Bahn gewesen und hat etwas mit dem Fernmeldewesen zu tun gehabt. So habe ich als Kind noch messingglänzende Morseapparate in seiner Werkstatt bewundern und sogar ein wenig bedienen können. Die übrigen Eisenbahner im Haus sind allesamt Lokomotivführer gewesen, was in mir einige Minderwertigkeitskomplexe gedeihen ließ; denn etwas Höheres als einen Lokführer hat es dazumal für mich einfach nicht gegeben. Der stand ja ganz vorn auf dem großen, schwarzen Ungetüm und konnte abfahren lassen und anhalten, hatte ungeheure, durch pfeifenden und zischenden Dampf sich äußernde Kräfte in seiner Gewalt. Was war da die Fernmelderei dagegen? Daß ich nicht zu stark an solchen Komplexen gelitten habe, daran waren die Telegrafenstangen schuld. Sie unterschieden uns von den anderen Hausbewohnern. Telegrafenstangen hatten nur wir, weil Fernmeldungen nicht auf Schwellen, sondern per Draht von Mast zu

Mast durchgegeben wurden. So hat meines Vaters Dienststelle nicht Schwellen, sondern Telegrafenstangen auswechseln müssen. Sieben lange Trümmer haben nur drei Mark gekostet und als Anschürholz den ganzen Winter über gereicht.

Unsere Telegrafenstangen haben fast überhaupt nicht nach einem Imprägniermittel gerochen, weil nur der unterste Abschnitt, der im Boden gesteckt war, imprägniert gewesen ist. So hatten sie einen wunderbaren, echten Holzgeruch an sich. Auch das unterschied uns von den Lokomotivführerhaushalten und ließ uns in meinen Augen einige Punkte gutmachen. Das hat mir viel Trost gegeben, aber auch viel Arbeit gebracht. Wer hätte die langen Telegrafenstangen zuerst einmal im Hof auf einem wackligen Bock in brennholzlange Blöcke zersägt? Ich, der zweite Mann im Haushalt. Wer hätte die Blöcke dann durch das Kellerfenster geworfen und drunten gestapelt für jene sommerlichen Ferientage, an denen ich im kühlen Keller mit Hilfe einer großen Axt und einer kleinen Hacke handliche Scheiter anfertigte, welche wiederum gestapelt werden mußten? Auch wenn ich das Gold der Erinnerung jetzt abziehe: Ich habe niemals mehr im Leben so tiefe Befriedigung über eine Arbeit erlangt wie über diese Holzmacherei. Da hat man wenigstens gesehen, was man getan hat. Der Haufen Scheiter um meinen Hackstock herum wurde immer größer, und am Ende war dann die lange, hohe Reihe der aufgeschichteten Hölzer. Das hat dem Kind einer doch ziemlich besitzlosen Familie so ein Gefühl gegeben, wie es gewiß auch Bauernkinder empfinden, wenn sie die mächtigen Holzstapel an der Wand des Heimathofes sehen. Aufgeschichtetes Holz bedeutet Wärme, abrufbar, herauftragbar aus dem Keller über die 96 Stufen in die im Winter oft von Wind und Schnee umtoste Mansarde.

Zeit wird es schon, daß ich von dem Mann rede, der mein Kellernachbar gewesen ist: Johann L. aus dem ersten Stock, sozusagen aus der „Beletage" unseres Mietshauses. Johann L. war nicht nur Lokführer, sondern sogar Oberlokomotivführer, was man an einem nachträglich hineingravierten „O" vor dem Wort „Lokführer" an seinem Messingtürschild ablesen konnte. Herr L. hatte einen viel schöneren und helleren Keller als wir;

denn was ganz oben für uns Schicksal war, das galt auch 96 Stufen tiefer: Auch der Keller hatte schiefe Wände. Oben war es das Dach mit seinen Giebeln, unten die steinerne Eingangstreppe, die genau über unserem Keller lag.

Ich war trotzdem recht glücklich in meinem Keller. Und der Herr L. in seinem Keller neben mir auch. Er hatte sich eine Ecke, direkt unterm Kellerfenster, als Werkstatt eingerichtet und entfaltete dort sein technisches Talent. Alle Lokomotivführer, das weiß keiner besser als ich, sind technisch sehr begabte Männer. Immer, wenn er jenseits des uns trennenden Lattenverschlags auftauchte, habe ich ihm meinen Gruß hinübergeschickt, und er hat, die Pfeife stets im Mund, immer recht freundlich geantwortet. „Ja, der Holzmacher von Paris ist wieder da!" hat er meistens als Gegengruß gesagt, und mir hat das recht gut gefallen. Holzmacher von Paris! Das klang doppelt gut. Ein Holzmacher, so etwas kann ja nur ein gestandener, kräftiger Mann sein, und „Paris" hörte sich anerkennend weitgereist an, noch dazu aus dem Mund eines Fernschnellzuglenkers.

Ich habe es bis heute nicht herausbekommen und werde ohne näheres Wissen darüber einmal aus dieser Welt scheiden müssen, weshalb der Herr L. ausgerechnet „Holzmacher von Paris" zu mir gesagt hat. Ich habe diesen Ausspruch nur von ihm und später nie wieder gehört. Der Herr L. hat mich offenbar gut leiden können. Er hat mit seiner Frau keine Kinder gehabt, obwohl sie gewiß gern welche gehabt hätten. Es hat in unserem Neun-Parteien-Haus sowieso nur vier Kinder gegeben. Nicht viel für sieben Ehepaare und zwei jungfräuliche Haushalte, wirklich nicht viel.

Der Herr L. muß mich gern gehabt haben. Die Beweise dafür entnehme ich meinem zweiten Kellerkinddasein. Droben auf dem Galgenberg, unter den sommerlichen Kastanien, hat der Herr L. mir besonders deutliche Zeichen seiner Gunst signalisiert. Zuerst, als ich noch ein kleines Kind war, sind ja nur die heruntergefallenen Kastanien meine Biergartenlust gewesen, und der aufgestreute Kies, mit dem man schön spielen konnte. Später habe ich dann schon auf die Tische geschaut und dann sogar in die Bierkrüge.

Wir sind verhältnismäßig oft dort oben auf jenen damals so seligen Höhen gewesen, wo Brauereikeller an Brauereikeller lag und der ganze, einst dem häßlichen Hochgericht dienende Galgenberg köstlich nach Biermalz gerochen hat. Da war es nun völlig gleichgültig, ob man sich sein Bier zum Abendessen ins Haus geholt oder ob man das Abendessen zum Bier hingetragen hat. Schöner war letzteres, darüber wird niemand im Zweifel sein. Teuer ist der Aufenthalt auf dem Bierberg nie geworden. Mein Vater hat keinen großen Durst gezeigt, meine Mutter schon gar nicht, meine um sieben Jahre ältere Schwester war schon auswärts berufstätig und also nicht mehr dabei, und ich war zunächst nur Nipper. Keine Bedienung auf dem ganzen Galgenberg hat etwas dagegen gehabt, daß wir unser Essen mitgebracht haben. Freilich, Brotzeiten hätte es da schon feine gegeben, am Keller-Büffett. Die wurden an uns vorbeigetragen: Emmentaler, Wurstsalat, Preßsack schwarz, weiß oder gemischt, Knackwürste kalt oder heiß, Bratwürste mit Kraut. Ich kann mich nicht erinnern, daß wir jemals so etwas bestellt hätten. Halt, ein einziges Mal schon, aber da war mein Onkel Heinrich auf Besuch, ein Junggeselle von großem Leibesumfang und entsprechender Freßlust. Meine Mutter hat ihren unverheirateten, aber keineswegs immer unbeweibten Bruder immer in seiner Abwesenheit als „der Heinz, der Narr, der Dicke" in Gesprächen beschrieben. Das war schon so etwas wie ein geflügeltes Wort.

Ob mein Onkel Heinrich ein Narr gewesen ist, weiß ich nicht. Mir ist er nie so vorgekommen. Fragen kann ich ihn nicht mehr, weil er auf dem Friedhof von Partenkirchen auf den Jüngsten Tag wartet. Für mich war er kein Narr, sondern ein Engel, wenn auch ein dicker und heftig die vier Stockwerke zu uns heraufschnaufender. Er hat in seinem Koffer immer viel Proviant gehabt, den er großzügig an uns verteilte. Einmal hat er aus seinem Koffer einen ganzen Ring Knackwürste gezogen und ihn mir umgehängt. „Da, friß!" lautete sein mir höchst angenehmer kategorischer Imperativ. Freilich, meine Mutter hat mir den Wurstkranz gleich wieder abgenommen: „Der wird geteilt!" Auch ein Imperativ, ein sozialer und höchst vernünftiger, ganz gewiß.

Als nun mein Onkel, „der Heinz, der Narr, der Dicke", eines Abends mit uns zum Galgenberg hinaufstrebte, hat er uns einen Wurstsalat bestellt. Jedem seinen eigenen! „Von zwei oder drei?" hat die Bedienung gefragt und damit gemeint, ob zwei oder drei Knackwürste, zu denen der Nicht-Regensburger ja „Regensburger" sagt, in Essig, Öl und Zwiebel hineingeschnitten werden sollten. Der Onkel Heinrich hat uns gefragt, und wir haben gesagt: „Wenn es dir nichts ausmacht, dann von drei." Der bei meiner Mutter als dicker Narr rangierende Onkel hat dann bestellt: „Also, dann bringen S' bittschön dreimal drei und einmal zwölf!" – „Also zwölf miteinander, der Herr?" sagt darauf die Bedienung. Der Heinz, der Narr, der Dicke klärt nun endgültig: „Nein, für jeden von dene drei da bringen S' bittschön drei Stück und für mich zwölfe. Ich mag ja ned verhungern!" Er hat seine zwölf Knackwürste in Essig und Öl übrigens alle gegessen. Nur hat er lang darauf warten müssen, weil in der Küche erst nach einer entsprechend großen Platte gesucht werden mußte.

Als ich dann größer geworden war und immer größere Schlücke aus dem Krug meines Vaters getan habe, sind wir nicht mehr ganz so oft auf den Galgenberg hinaufgegangen. Vielleicht waren die Sommerabende nicht mehr so schön. Aber wenn wir droben waren, haben wir immer viele Bekannte getroffen. Unter ihnen war, wie ich schon andeutete, auch der Herr L., von dem ich ja beweisen will, daß er mich sowohl im als auch auf dem Keller geachtet und anerkannt hat. Er ließ mich nämlich auch von seinem Bier trinken. Einmal aber, nach einem Holzmachernachmittag im Keller Nummer eins, hat er mir eine ganze Portion Emmentaler auf dem Keller Nummer zwei auffahren lassen, mit Butter und Hausbrot. Und dazu eine ganze Maß Bier! Meine Mutter hat gegen das Bier protestiert, mein Vater hat gelächelt. Ich war damals an die 13 Jahre alt. Meine Mutter hat gesagt: „Der wird ja ein Säufer, und das geht auch nicht, Herr L.; Sie müssen Ihr Geld ja auch sauer verdienen!" Der Herr L. aber hat abgewinkt, gelächelt und seinen Bierkrug in die Hand genommen. Über zwei Tische herüber hat er mir zugerufen: „Prost, Holzmacher von Paris!" Das war, wenn ich es so rückblickend betrachte, eine Art Ritterschlag oder Mannbarkeitserklärung.

Der Sommer dieses denkwürdigen Zuprostens war der letzte Sommer für mich als doppeltes Kellerkind. Es hörte sich endgültig die Gemütlichkeit auf. Der Herr L. hat schon ein paar Wochen später statt freiwillig reisender Menschen unfreiwillig reisende Soldaten gefahren, nach Osten zuerst, dann nach Westen, am Ende in alle Richtungen. Zwei, drei Jahre später sind wir dann alle Kellerkinder geworden, haben Angst gehabt und gezittert im Bombenhagel um uns herum, haben auch überlegt, wie das wohl wäre, wenn nun unser ganzer Vorrat an Schwellen- und Telegrafenstangenholz Feuer finge und wir dann hinaus müßten aus dem Keller in den Brandbombenregen und Luftminenhagel. Es hat aber nichts gebrannt in unserem Haus, nur Fensterscheiben gingen immer wieder in Scherben.

Nach dem Krieg hat es in unserem Keller noch mehr Holzmacherei gegeben, weil nun keine Kohlen mehr vorhanden waren. Es gab aber viel Holz aus den Werkstattruinen und den zerbombten Eisenbahnwaggons, gleich drüben am Bahnhof. Als aber das goldene Zeitalter angebrochen war, wo auch wir genug Geld für fertiges Bündelholz hatten, da hat der Holzmacher von Paris nicht mehr eingreifen müssen. Bald ist mir der Herr L. mitsamt dem Keller Nummer eins und dem Keller Nummer zwei aus den Augen gekommen. Und derjenige Keller, in den ich heute hin und wieder hinuntersteige, bewahrt weder Holz noch Kohlen, dafür Flaschenbier. Handliches Getränk, zum Beispiel für das wechselhafte Vergnügen im „Pantoffelkino". Und dieses seltsame Heimkino mit seiner immer noch wachsenden Zahl von Kanälen und Programmen ist gewiß ein Hauptschuldiger dafür, daß es heute weniger Seligkeit in den Kellern Nummer zwei gibt als in der Zeit, da ich noch das doppelte Kellerkind gewesen bin.

Meine Menschensammlung

Zweite Abteilung

Daheim, in der Stadt am großen Strom

Machen wir die zweite Schublade meiner Menschensammlung auf. Es quillt etwas Rosenrotes aus ihr heraus. Mädchenbriefe. Erste Liebe, zweite Liebe und so weiter. Jugend! Dazwischen auch Sachlicheres, Geschäftliches sozusagen. Ein umsichtiger Eisdielen-Maestro, eine gewissenhafte Kramerin mit einem goldenen Herzen, ein Flößer gar. Kurz taucht auch der größte Tenor seiner Zeit auf, und sogar einen Sprung über den Großen Teich müssen wir machen.

Heimatliches hat sie also schon zum Inhalt, die zweite Abteilung meiner Sammlung. Nur sind wir jetzt aus dem Haus in der Friedenstraße herausgetreten, an der zarten Hand „Elisabeths der Ersten" geführt. Wenn ich daran denke, daß sie und ich uns wirklich heiraten wollten, dann kann ich heutige, sehr junge Paare viel besser verstehen, wenn sie auf der Straße, in der U-Bahn oder auf der Liegewiese eines Freibads oft so wunderbar miteinander beschäftigt sind, daß man ihnen ansieht, wie sie sich – zumindest gerade jetzt – gegenseitig der wichtigste, wenn nicht der einzige Halt im jungen Leben sind. Und ihr Wort von der „Beziehungskiste" halte ich dann für Mimikry.

Meiner Menschensammlung zweiter Teil ist meiner lieben Stadt am großen Strom gewidmet, Regensburg. Das ist ja eine vorwiegend friedliche und freundliche Stadt schon immer gewesen, wenn nicht gerade Fliegerbomben auf sie geworfen wurden, die Synagoge angezündet oder ein tapferer Domprediger hingerichtet worden ist. Das Nahverkehrsmittel zur Zeit meiner Sammeltätigkeit war noch die Straßenbahn, bei der ich Aushilfsschaffner gewesen bin. Gebadet und geschwommen wurde noch vorwiegend in der rasch und reißend fließenden Donau, in einem Wasser allerdings, das damals gewiß weit unsauberer als heute gewesen ist. Da muß ich alle, die über das heutige Donauwasser herziehen, schon enttäuschen.

Für Liebende hat meine Stadt am großen Strom zur Zeit meines jugendlichen Menschensammelns einen großen Vorteil gehabt: Es war nach Einbruch der Dunkelheit nicht so hell in der Stadt, wie das heute ist. Es hat einfach nicht so viele und nicht so starke Lampen auf den Straßen gegeben. Eine heimeligere Straßenwelt für Verliebte ist das gewesen. Geschminkt waren die jungen Mädchen übrigens auch nicht, schon gar nicht um die Augen herum. Also hat so eine junge Dame wirklich und echt gestrahlt, wenn sie gestrahlt hat. Und ein Jüngling ist damals übrigens immer mit einem Pfennigstück ausgerüstet gewesen. Das hat er seiner großen Liebe gegeben, wenn ihr „Straps" gerissen war, was sehr oft vorkam. Sie verschwand damit in einem Hofeingang und kam mit neuer Sicherheit im Auftreten bald wieder heraus. Warum der Pfennig dazu nötig war, weiß ich bis heute noch nicht vollständig.

Elisabeth, die Erste

oder warum gute Noten nicht für alles
gut sein müssen

Als ich Elisabeth kennenlernte, habe ich noch nichts von Sarmannina gewußt. In meiner alten Stadt am Strom war man sich zwar damals schon der römischen Hinterlassenschaft bewußt, konnte also jedem Fremden die „Porta Praetoria" zeigen, das erhaltene Nordtor des römischen Legionslagers Castra Regina, hinter dessen zyklopischen Mauern ab dem Jahr 179 an die 6000 Soldaten ein dem Untergang schon geweihtes Weltreich bewachten. Da war aber auch ein kleiner Stein mit römischer Inschrift auf unsere Zeit gekommen, den kannten nur ganz wenige Menschen in der Stadt: den Stein der Sarmanne, der Sarmannina. Noch immer erfreut sich die „Porta Praetoria" größten Bekanntheitsgrades, aber Sarmanninas Stein hat in der Zwischenzeit aufgeholt. Ein Künstler unserer Tage hat das Mädchen bereits porträtiert, obwohl er ihr Gesicht nicht kennen konnte, manches Regensburger Elternpaar hat sein Töchterlein als Sarmannina zur Taufe getragen. Da mag ein wenig Romantik dahintersein, gerade weil wir uns kein Bild von ihr machen können, von der wirklichen Sarmanne-Sarmannina, die im vierten Jahrhundert im spätrömischen Regensburg gestorben ist.

Ich hätte Sarmannina gern gekannt. Viel gäbe ich dafür, wäre es möglich. Aber da werde ich wohl nicht der einzige Mann in meiner uralten Stadt am Strom sein, der Sarmanne gern gekannt hätte, der sich dieses Mädchen in Gedanken vorgestellt hat, ihr ein Gesicht, eine Figur, eine Stimme, ein Gemüt gegeben hat. „SARMANNE QUIESCENTI IN PACE MARTIRIBUS SOCIATAE". Inschrift für meine Sarmanne. Frühester christlicher Grabspruch in Bayern, eine Steintafel im Museum meiner Stadt. „Hier ruht in Frieden Sarmanne, den Märtyrern beigesellt." Die Inschrift läßt uns rätseln, ob Sarmannina den Märtyrertod starb, an der Stelle von Märtyrergräbern beigesetzt wurde, oder ob man nur deutlich machen wollte, daß ihre Seele nun im Himmel der Glaubenszeugen zu Hause ist.

Unter den weit auffälligeren Schätzen der römischen Abteilung des Museums meiner Stadt fällt der schlichte Stein der Sarmanne gar nicht auf. Der große Besucherstrom wendet seine schöne Neugier eher dem nackten Gott Merkur, goldenen Reitermasken oder steinernen Monumenten zu. Sarmannina muß vor gut 1600 Jahren die römischen Reiter mit den goldenen Masken gesehen, gekannt haben. Am Rand einer großen Festung lebte sie, zwischen Soldaten und Beamten, Kaufleuten und Handwerkern. Sarmanninas Welt war eine alte Welt, die sich gerade zu Ende lebte, um Neuem Platz zu machen. Vom Neuen war Sarmannina ein Teil, eine Hoffnung für morgen. Sehe ich heutige Mädchen in ihren Jeans-Etuis durch die verkehrsreichen Straßen meiner Stadt gehen, denke ich mitunter an Sarmannina. Ob sie ernster war als ihre Schwestern von heute? Ob ihre Zeit schwerer für sie war als unsere Zeit den Mädchen unserer Tage ist? Gern tät' ich es wissen.

Im Winter '39 auf '40 habe ich von Sarmanne noch nichts gewußt. So habe ich Elisabeth mit ihr auch nicht vergleichen können, damals. Heute aber stelle ich mir die frühchristliche Römerin genau so mild und sanft vor, wie Elisabeth im ersten Winter des Zweiten Weltkriegs gewesen ist, Elisabeth, die Erste. Sie trug damals einen karminroten Mantel und hatte schon einen ondulierten Lockenkopf. Schade, Zöpfe hätten ihr sicher noch besser gestanden, der Vierzehnjährigen. Na ja, aber die Ondulation gab ihr etwas Damenhaftes.

Im Galgenbergviertel wohnten wir zwei, Luftlinie etwa 200 Meter auseinander. Auf den dortigen holprigen Böschungen, die uns als Rodelbahn dienten, habe ich Elisabeth erobert. Ich weiß heute nicht mehr, wie ich sie zum ersten Mal dazu gebracht habe, sich vor mir auf den hölzernen Rodelschlitten zu setzen. Jedenfalls fuhr sie mit mir die weiße Bahn hinunter, immer wieder. Und je mehr der Abend herabsank, um so fester habe ich Elisabeth gehalten. Ganz männlich fest habe ich sie gehalten, das weiß ich noch ganz bestimmt. Und daß ich dabei glücklich, ja selig gewesen bin, das weiß ich auch noch. Da war so viel Wärme und Weichheit und ein recht unschuldiges Glück zweier Halbkinder. Der Sündenfall war für mich damals noch eine reine Obstmahlzeit, die sich der liebe Gott für sich selbst reserviert und die man ihm dann weggegessen hatte, was ihn sehr erzürnte und eine ziemliche Überreaktion bei ihm auslöste.

Als ich Elisabeth im Mai nach dieser wunderbaren Schlittenseligkeit erstmals geküßt habe (wenn man das, was wir da zitternd hinter der Friedhofsmauer taten, als Küssen bezeichnen kann), hatte ich diese Obstmahlzeitvorstellung vom Sündenfall, und das blieb auch noch längere Zeit so. In unseren Garten Eden war uns freilich ein Erzengel nachgeschlichen, ein Hüter der Moral. Und der posaunte im ganzen Galgenbergviertel aus, daß Elisabeth und ich uns hinter der Friedhofsmauer mit höchst unzüchtigen Dingen beschäftigten. Der Erzengel war fünfzehn, ein Jahr älter als wir, und die Elisabeth hat ihm selber gut gefallen. Also war er ein Racheengel. Oder eben ein Neidhammel.

Die Sache hat Folgen gehabt: Hausarrest und sehr ernste Worte meiner Eltern. Um die Schule solle ich mich kümmern in meinen jungen Jahren, alles andere habe noch Zeit. Ich blieb stark in meiner Liebe und erklärte, Elisabeth heiraten zu wollen, unter allen Umständen und wann auch immer. Ich weiß nicht, ob meine Eltern über diese Erklärung nicht heimlich gelacht haben. Ich habe damals nicht darauf geachtet, weil ich sehr traurig war und nicht verstehen konnte, daß man uns nicht versteht. Es hat sich aber alles wieder gelegt. Elisabeth und ich konnten uns wieder jeden Abend treffen, zum Spaziergang, der zu jenem Weg hinter der Friedhofsmauer führte. Nicht zum Sündenfall, sondern nur zum In-die-Augen-Schauen.

Die Welt von 1940 war anders als die heutige. Ich meine gar nicht den Krieg und die Sondermeldungen aus dem Volksempfänger. Aber mit den Medien hatte es schon etwas zu tun: Es gab keinen Fernsehapparat in der Wohnung. Also verbrachten viele Menschen in der Stadt die Stunden der Dämmerung damit, aus dem Fenster zu schauen, auf die Straße hinaus. Dort war das Programm. Und ein Teil dieses Programms, sicher ein recht skandalöser und daher interessanter Teil, waren Elisabeth und ich. Wie wir da Arm in Arm durch unsere Straße gegangen sind, an all den Zuschauern vorbei, die mit verschränkten Armen die Logenplätze innehatten! Trotz war das nicht von uns. Wir wollten nur unserer ganzen Welt zeigen, daß wir uns als Zusammengehörige fühlen und nie mehr auseinandergehen wollen. Liebe war es, ganz gewiß. Zumindest aber zwei zusammengetane, noch recht junge Einsamkeiten.

Wir zwei spielten auch Vater und Mutter, an den Nachmittagen. Sehr stilecht. Die nötigen Requisiten brachte ich aus unserer Wohnung mit: einen Korbkinderwagen, der damals groß in Mode war, und darin ein männliches Baby, das meine bei uns wohnende Schwester kurz zuvor auf die Welt gebracht hatte. Kinderwagen und Kind kutschierten Elisabeth und ich diesen Sommer lang durch die Alleen der alten Stadt am Strom. Wenn mein Neffe friedlich im Wägelchen schlief, setzten wir uns auf eine Bank und ließen jeden das kleine Kind betrachten, der es nur betrachten wollte. Daß ich dem Miniaturmenschen hin und wieder etwas von dem mitgegebenen Fencheltee aus der Babyflasche weggetrunken habe, ist längst allen zuständigen Stellen gebeichtet und hat keinerlei Schaden hinterlassen. Das damalige Baby steht gußeisern im Leben.

Zum Märtyrer der Liebe bin ich dann auch noch geworden. Als ich Elisabeth auf die Längsstange meines Fahrrades setzte und auf einer Wäschetrockenwiese eines Wohnblocks unserer Straße am Rand einer Böschung entlangfuhr, war der Erz- und Racheengel wieder da, gab uns einen seitlichen Stoß. Fahrrad, Elisabeth und ich stürzten den Abhang hinunter gegen einen Stacheldrahtzaun. Im Fallen noch habe ich meine Arme schützend über Elisabeth gehalten. So konnte ihr der Stacheldraht nichts anhaben. Die Zeichen von drei Wunden trage ich noch immer am rechten Arm mit mir herum, meine einzige sichtbare

Erinnerung an Elisabeth. Nicht einmal ein Foto habe ich von ihr, weil man 1940 nicht viel fotografiert hat. Aber ich weiß auch so recht gut, wie sie ausgesehen hat: sehr lieb und sehr mild. Und keine war schöner als sie, keine.

Die Zeit mit Elisabeth hatte für meine Mutter Vorteile, die sie nur nicht sehen wollte. Sie mußte mich nicht mehr an jedem Schulmorgen aus dem Bett werfen. Ich stand ganz von selbst ziemlich früh auf. Elisabeth und ich haben uns nämlich jeden Morgen an der Galgenbergbrücke getroffen, die noch heute das Bahnhofsgelände überquert. Sie ging zu den Englischen Fräulein, und ich mußte dort auch vorbei, auf dem Weg zur Oberrealschule. Dumm war nur, daß mir dabei auch Klassenkameraden begegneten. Sie waren fast alle älter als ich, mancher gleich drei oder vier Jahre. „Was willst denn du Grischberl mit dem Mordsweiberleut, de hat ja schon a Brust", haben mir die lieben Mitschüler oft und oft erklärt. Die Elisabeth, meinten sie, wäre eher was für sie. Ich konnte mir nur unter Entsetzen vorstellen, was mein zarter Engel mit einem dieser groben Gesellen hätte anfangen sollen. Angst habe ich nur gehabt, daß mich meine Kameraden einmal zu einer Rauferei provozieren könnten und daß ich mich dann recht blamieren hätte müssen vor der Elisabeth.

„L'amour et la jeunesse c'est un simple passage, comme le soleil et son ombrage." Irgendwo in dieser Welt, an irgendeiner Hauswand habe ich das an einer Sonnenuhr gelesen: Daß die Liebe und die Jugend so flüchtig seien wie die Sonne und der Schatten. Wahr ist es. Elisabeth weiß es, ich weiß es, wer wüßte es nicht? Jedenfalls, nach den Osterferien des Jahres '41 muß Elisabeth wenigstens einen einzigen Morgen vergeblich auf der Galgenbergbrücke auf mich gewartet haben. Ich bin nicht mehr hingegangen. Warum? Elisabeth hatte mich enttäuscht. Sie bekam immer bessere Noten, bei mir ging es schulisch eher bergab. Gern sah ich das an mir, diese Abwärtsentwicklung. Zu dieser Zeit und allzeit später ist es mir ein Zeichen echter Liebe gewesen, wenn mir der Alltag, der Beruf gleichgültig wurden. Die Gedanken und Gefühle sind eben dort, wo man liebt. So war mir auch damals völlig klar, daß ich die wahre Liebe im

Herzen trage, daß mich Elisabeth aber nicht wirklich lieben könne, bei so vielen Einsern.

Man sieht, gute Noten müssen nicht für alles gut sein. Da war aber noch etwas anderes. Meine Mutter mußte sich einer damals noch lebensgefährlichen Operation unterziehen. „Wenn du deiner Mutter eine Freude machen willst, dann hör diese Geschichte auf. Ihr seid zu jung dazu." So oder so ähnlich hat meine Mutter zu mir gesagt, ehe sie in die Klinik gegangen ist. Wir hatten furchtbar Angst um ihr Leben. Ich stand also unter psychischem Druck. Vielleicht hätte ich aber bei aller Kindesliebe nicht darauf gehört. Aber diese ständigen elisabethanischen Einser! Die haben meine Liebe getötet.

Den Sommer selben Jahres verbrachte ich bei Verwandten in Ansbach. Es war ein prachtvoller Sommer am grünen Rand der mittelfränkischen Residenzstadt. Ein Karpfenweiher war vorm Haus und gleich daneben ein alter Maulbeerbaum, dessen dichte Krone jeden Abend voller Mädchen war. Und ich mitten in der Baumkrone. Den Ansbacher Mädchen war ich mit meiner anderen Mundart ein Exote, ein höchst interessanter. Bettina hieß die Melancholische in diesem Maulbeerbaumkronenzirkel. Aber begleitet, mit dem Fahrrad, so ein paar schöne, traurige Abschiedskilometer am Ende begleitet hat mich die Schuster Steffi. Ich habe sie nie mehr gesehen. Als ich sie ein Vierteljahrhundert später in Ansbach suchte, war sie schon tot, der Karpfenweiher zugeschüttet, der Maulbeerbaum verschwunden.

Und Elisabeth? Wo wird sie sein? Was wird sie sein? Wie wird sie leben? Manchmal habe ich sie suchen wollen, manchmal hatte ich Angst davor, sie zu finden. Ich müßte mich bei ihr entschuldigen für einen leeren Morgen an der Galgenbergbrücke. Angst habe ich aber auch, daß sie das dann zu mir sagen könnte, was man nach Jahrzehnten so gern und so leicht sagt: „Mein Gott, was waren wir damals dumm!" Und dann müßte ich ihr sagen, in meiner vollsten Überzeugung: Nein, wir waren es nicht! Ob Elisabeth mir das dann glauben würde? Elisabeth, die Erste?

Josephine F.

oder wie ein Schüler doch ein nützliches Wesen sein kann

Nachdem ich so gern meine liebe alte Stadt am Strom, mein Regensburg, aus der Vergangenheit reproduziere, so wie ich es halt einst gesehen und erlebt habe, muß ich auch die Trambahn wieder durch die Stadt fahren lassen, auch wenn diese nie so richtig in der damaligen Stadt Platz gehabt hat. Nicht von der „Linie 8" will ich berichten, die gehört dem Weiß Ferdl selig und seiner Stadt München (und hat sich dort längst in eine U-Bahn-Linie verwandelt). Wir haben ja auch gar keine acht Linien in Regensburg gehabt, sondern nur vier: die Einser zwischen Pürkelgut und Prüfening, die Zweier vom Hauptbahnhof nach Reinhausen, die Dreier zwischen Domplatz und Schlachthof und die Vierer zwischen Arnulfsplatz und Kumpfmühl. So war es wohl, und ich hoffe, daß ich die Linien noch richtig im Gedächtnis habe. Wenn nicht, werden größere Experten der Regensburger Straßenbahngeschichte mir mein schwaches Gedächtnis gewiß nicht übelnehmen.

Die Linien eins bis vier also. Eingleisig mit regelmäßigen Ausweichstellen, an denen man regelmäßig auf den Wagen aus der Gegenrichtung warten mußte. Da hat man schon Zeit und Geduld mitbringen müssen! Wenn da ein junger, gesunder Mensch es sehr eilig hatte, vom Hauptbahnhof etwa zum Arnulfsplatz zu gelangen, der war zu Fuß ganz bestimmt schneller am Ziel als mit der Trambahn. Die war eben eine gemütliche Einrichtung. Hin und wieder, eigentlich ganz selten, ist es passiert, daß der Straßenbahnführer infolge eifrigen Gesprächs mit den Passagieren (hatten diese das Schild „Sprechen mit dem Fahrer ist verboten" übersehen?) auf seiner vorderen Plattform sich nicht mehr sicher war, ob nun der Gegenwagen schon durch war oder nicht. Da herrschte dann allgemeine Ratlosigkeit, und der Trambahnführer hat einen roten Kopf bekommen. Es ist aber immer wieder alles gutgegangen, selbst wenn dann der Gegenwagen doch noch nicht durch war und auf halber Strecke eine peinliche Begegnung erfolgte. Eine gefährliche Begegnung – wie im Flugverkehr – konnte es ja nicht werden, da die Trambahn im kurvenreichen Stadtinnern nur langsam gefahren ist und man sich auf den schnelleren Außenstrecken ja auf weite Sicht erkennen konnte. Wenn nicht gerade Nebel war.

Zur Entwirrung solcher eingleisiger Begegnungen boten sich zwei Methoden an: Entweder der Schuldige fuhr zur Ausweichstelle zurück, oder die Fahrgäste wurden – ihr Einverständnis vorausgesetzt – einfach ausgewechselt, stiegen von einem in den anderen Wagen um. Im ersten Fall war nur der Schaffner des „schuldigen" Wagens hart betroffen, im letzteren hingegen die Schaffner beider Wagen. Sie waren zu einem hochnotpeinlichen Schaugericht verurteilt, mußten sie doch in aller Öffentlichkeit das „Stangerl" umdrehen. Dieses Stangerl übertrug vermittels einer Laufrolle den Strom vom Fahrdraht auf die Wagenmotoren. Bewegt und zugleich festgehalten wurde es über eine Leine, die in einer Trommel endete, welche ihrerseits am jeweils als hinten zu bezeichnenden Teil des Wagengehäuses eingehängt wurde. Der Schaffner mußte diese Trommel nun aushaken, durch Zug an besagter Leine das Stangerl mit der Laufrolle an der Spitze aus dem Fahrdraht nehmen, mit dem Stangerl an der Leine die Trambahn auf 180 Grad umkreisen und dann wieder diese Laufrolle am Ende des Stangerls in den Fahrdraht einfädeln. Mit welchen Argusaugen und mit welch enormer Bereitschaft zur allenfalsigen Schadenfreude beobachteten Passanten und Passagiere diese seltsame Turnübung des Schaffners, zollten Beifall, wenn dieser schon beim ersten Versuch die kleine, schmale Rolle genau an den Fahrdraht brachte, lachten schließlich immer lauter, wenn der dritte, vierte und fünfte Versuch immer noch danebenging!

Man stelle sich also vor, daß man zu dieser öffentlichen Stangerlakrobatik mitten in der Altstadt, etwa auf dem Haidplatz, antreten mußte! Und gerade auf diesem Haidplatz, auf halber Strecke zwischen den Ausweichstellen Arnulfsplatz und Kohlenmarkt, fanden die meisten der peinlichen Trambahnbegegnungen statt. Man stelle sich dann noch vor, der Schaffner sei kein Schaffner, sondern eine Schaffnerin, wie meine liebe, unvergessene Josephine F.! Was der rauhe und nur gerüchtweise zugleich herzliche Volkston alles an Bemerkungen bereithält, wenn so eine arme Josephine mit dem Stangerl nicht gleich an den Fahrdraht findet! Welch fröhliche Grausamkeit konnte da herrschen! Das Stangerl mußte aber umgedreht werden, weil sich ja die zwei Wagen nicht auf Dauer am Haidplatz gegenüberstehen konnten, zumal ja auch die Regensburger Straßenbahn letzten Endes als öffentliches Fortbewegungsmittel konzipiert gewesen ist und nicht als fahrbare Wärmestube. Unbelehrbare sind ja auch immer wieder mit ihr gefahren, obwohl sie es eilig hatten.

Josephine F. und ihr freundliches Lächeln auf den vier Linien der Regensburger Straßenbahn, mitten im Krieg. Die Josephine mußte pro Woche 54 Stunden lang öffentlich lächeln, Fahrkarten verkaufen, an den Endstationen – oder wenn es unterwegs ausgesprungen oder ein sonstiger Fehler (siehe oben) gemacht worden war – das Stangerl aushängen, umdrehen und wieder einhängen, Fahrtberichte schreiben, Geld abrechnen, Kollegen trösten, dumme und manchmal auch unfeine Redensarten einstecken. Und dies alles als „Dienstverpflichtete", weil Kriegszeit gewesen ist. Und die 54 Wochenstunden waren damals die reguläre Arbeitszeit, also Neunstundentag mal sechs.

Josephine F., die von ihren Kollegen nur Finnerl gerufen wurde, war also Trambahnschaffnerin. Ich habe sie 1943 kennengelernt, als ich, neben der kaum mehr ernstgenommenen Tätigkeit als Schüler der „Oberschule an der Goethestraße", mich freiwillig als Aushilfsschaffner zur Verfügung stellte. Ein paar Schulfreunde und ich waren höchst eifrig bei der Sache, begannen unseren Dienst mit der ersten Schicht um fünf Uhr früh und gingen um acht Uhr zur Schule, nachdem der Morgenansturm auf die Trambahn vorbei war und die Anhängerwagen, auf denen wir fuhren, an den Endstationen wieder abgehängt worden waren. Wir hatten einen Freifahrtausweis, viele Blöcke mit bunten Fahrscheinen, einen dieser silbern glänzenden Geldwechsler, die heute schon Sammlerwert haben, eineinhalb Reichsmark Lohn für die Dreistunden-Aushilfsschicht, ein Heft mit Dienst- und Betriebsvorschriften und waren auf all dies sehr stolz. Auch auf den kollegialen Verkehr mit richtigen Trambahnführern und Schaffnern, also mit absolut nützlichen Menschen.

Josephine F., das Finnerl. Ihr Familienname ist so schön böhmisch-wienerisch gewesen, mit einer Endung auf „-lek", daß ich ihn hier liebend gern voll ausschreiben möchte. Es könnte aber sein, daß noch Angehörige von ihr leben, die das nicht gern so hätten. Das Finnerl war 1943 gerade 17 Jahre alt, genauso alt wie ich. Sie sah aber viel reifer aus, weil sie erstens ein Mädchen war und zweitens in einem Stadtteil aufgewachsen ist, der damals wegen des äußerst geringen Reichtums seiner Bewohner lebensnahere und ernstere Menschen hervorgebracht hat als die fröhlichen, sonnigen Außenviertel oder gar die Quartiere der Wohlsituierten. Gelächelt hat das Finnerl viel und oft auch gelacht. Sie war unangefochten die schönste Schaffnerin unserer damaligen Regensburger Trambahn, von einer sehr blassen und schlanken Blondine abgesehen, deren Herbheit aber wiederum ihrer Beliebtheit etwas im Wege stand.

Die Trambahn war damals so ganz unser Leben, und ich habe mich immer auf die Ferien und auf das Wochenende gefreut. Da konnte ich dann voll eingesetzt werden und kam mir wie ein wahrhaft brauchbarer Mensch vor, was mir in meiner Eigenschaft als Schüler, angesichts des mitunter mehr als unsinnig erscheinenden Lehrstoffs, nicht gelang. Mittelpunkt unseres Trambahnerwesens war nicht das Wagendepot an der Augustenstraße, sondern der Domplatz. Hier kreuzten sich, bis auf die Vierer, alle Linien, und hier war auch die Fahrmeisterei in einem Durchgang der Postdirektion untergebracht. Die Fahrer und wir Schaffner erwarteten hier den Kurs, auf dem wir ablösen sollten. Da saßen wir dann beim warmen Wetter auf einer Steinbank vor dem Hauptpostamt (heute komme ich oft an diese Stelle und hole mir Geld aus dem dortigen Postbank-Automaten) und redeten miteinander, machten Witze, auch über den einen oder anderen Passanten, und schimpften auf das Trambahn-Aufsichtspersonal, auch ich, obwohl ich keinen Grund hatte, nur einfach, um auch dazuzugehören, aus Solidarität.

Das Finnerl, klein von Statur und sehr schnellfüßig (wahrscheinlich hat man ihr schon von Kindesbeinen an immer Eile anempfohlen) kam immer aus dem gegenüberliegenden Domgarten heraus. Sie wohnte bei ihren Eltern am Hunnenplatz, den wir Regensburger zum „Hennaplatzl" degradierten und den es heute eigentlich gar nicht mehr gibt. Vielleicht hat er sich uns beleidigt entzogen. Hennen statt Hunnen! Ein Unterschied müßte doch sein! Bei den professionellen Trambahnern hat Josephine F. viele Verehrer gehabt. Ich habe mich auch immer sehr gefreut, wenn sie auftauchte. So weit ich mich erinnere, hat sie immer ein freundliches Gesicht gemacht, wenn sie mich gesehen hat. Ich war nämlich auch sehr freundlich zu ihr. Besonders gemocht hat sie einen jungen Trambahnführer, mit dem ich mich angefreundet hatte. Wegen eines Lungenleidens war er nicht beim Militär. Viele weibliche Fahrgäste haben für ihn, dessen Namen ich nicht weiß, geschwärmt. Er war auch ein sauberes Mannsbild mit einem Vorrat an guten Sprüchen. Er konnte sich daher unterm Fahren so manchen Scherz leisten und seiner Lacher sicher sein.

Der junge Trambahnführer mit dem Lungenleiden hat mir manchmal, beim Ausrücken in aller Früh und beim Einrücken in der Nacht, den Führerstand überlassen. Ich war absolut in der Lage, einen Triebwagen, auch mit ein oder zwei Anhängern, auf dem Schienennetz der Stadt einwandfrei zu bewegen, auch um das scharfe Eck beim „Bischofshof" herum, die Weiße-Hahnen-Gasse zur „Historischen Wurstkuchl" hinunter und die Steinerne Brücke hinüber. Ein herrliches Gefühl war das für einen, der es nicht dauernd machen mußte. Wir durften uns nur nicht erwischen lassen, weil wir Schaffner doch keine Fahrprüfung gehabt haben. „Kommst heut abend? Ich hab Spätdienst", hat der junge Trambahnführer oft zu mir gesagt. Ich bin dann auch gekommen und habe es kaum erwarten können, Herr der ganzen Hebel und Kurbeln zu sein. Noch heute könnte ich so ein Ding fahren, so gut beherrschte ich die Sache von Fahrstrom und Bremsstrom.

Manchmal war dieser mir befreundete Führer nicht völlig uneigennützig, wenn er mir die Herrschaft über das schwere Schienenfahrzeug übergab. Oft hatte er nämlich zusammen mit dem Finnerl Dienst, und wenn dann bei der letzten oder schon vorletzten Fahrt keine Leute mehr im Wagen waren, hat er sich zum Finnerl ins Wageninnere gesetzt und mich allein durch die Nacht werkeln lassen. Da war ich dann besonders stolz, weil ich mir auch noch als Beschützer einer heimlichen Liebe vorgekommen bin. Vielleicht hat der junge Führer Dinge zum Finnerl gesagt, die meinen eigenen Vorstellungen von Liebesgeflüster so gar nicht entsprochen hätten, aber das weiß ich nicht, da ich nie zugehört habe. Und sehen konnte ich auch nichts, da ich ja auf die Strecke schauen mußte. Außerdem waren die Glasscheiben, auch die von der zwischen Führerstand und Innenraum befindlichen Schiebetür, blau getönt, wegen der Verdunkelung.

Hans Carossa beschreibt in seinen „Aufzeichnungen aus Italien" in dem Kapitel „Tage in München" dieses seltsame Trambahn-Verdunkelungs-Blau: „Dieses blaue Halblicht schien jede Glücksregung zu dämpfen. Es nahm den Anlagen draußen die Frische des Grüns, und sogar wenn lachende Menschen beisammenstanden, wars, als träumte man sie nur." Carossa, auf dessen Grab in Heining bei Passau seine eigenen Worte stehen, daß auch Rast Reise sei, widmet dann den Trambahnschaffnerinnen einen recht liebenswürdigen Absatz, berichtet, daß einige von ihnen sehr hübsch gewesen seien, andere aber vergrämte Gesichter gehabt hätten. Selbst junge Mädchengesichter, so meint er, hätten aber durch das „blaue Wasserkastenlicht" ein leidendes Aussehen angenommen. Dann aber kommt kurz und bündig das Hohelied auf die Trambahnschaffnerin, also auch auf mein Finnerl: „Alle aber glichen sie sich in der Gewissenhaftigkeit, mit der sie, immer stehend, ihren schweren Dienst versahen, in der Geduld, mit der sie Groschen abzählten, den körperlich Behinderten halfen, Fremden Auskunft gaben, törichte Frager zurechtwiesen. Wer freilich ihre Gutmütigkeit mißbrauchen und rücksichtslos gebieterisch auftreten wollte, für den hatten sie Kernworte von überraschender Schlagkraft bereit."

Gern hätte ich mich mit Hans Carossa über die Trambahnschaffnerinnen unterhalten, aber ehe ich nur recht von ihm erfahren habe, war er schon gestorben. Und mein junger Trambahnführer, der mit Josephine F. hinter den blauen Glasscheiben eines durch die Nacht ratternden Regensburger Trambahnwagens ein paar tolpatschige Liebesminuten erlebte, während ich Liebe und Trambahn durch die Nacht lenkte, der ist auch tot. Am Ende hat man ihn doch zum Militär geholt, in Anbetracht des ausgerufenen „Totalen Krieges". Und Josephine F., die in der Josephine Beauharnais und in der Josephine Baker so berühmte Namensvetterinnen hatte, hat auch nicht mehr lang gelebt. Irgendein schrecklich waltender Zufall in einem Wehrersatzkommando hat das liebe Finnerl zum Arbeitsdienst gebracht. Ich sehe heute noch ihr erschrockenes Gesicht, als sie uns die Einberufung gezeigt hat. Im Januar 1945 habe ich dann ihren Namen in der Zeitung gelesen, eine von vielen, gleich kleinen Todesanzeigen. Ein Eisernes Kreuz und „Josephine F., gefallen für Volk und Vaterland". Oder so ähnlich. Fürs Vaterland?

Keine Bombe hat Josephine F. zerrissen, kein einstürzendes Bauwerk hat sie begraben. Wie ich später hörte, war sie an Gelenkrheumatismus bei diesem Weiberregiment so sehr erkrankt, daß das Herz nicht mehr mittat und schließlich zu schlagen aufhörte. Die Josephine, unser Trambahn-Finnerl, ein lächelnder, lieber Mensch, ermordet von Wehrbürokraten und Flintenweibern. Ihr „Hennaplatzl" hat sie also nie mehr wiedergesehen, den Frieden und die hoffnungsvollen Jahre durfte sie nicht mehr erleben. Ich, der Schüler und Nebenbei-Trambahnschaffner, bin ihr vielleicht in ihrem kurzen Leben doch ein wenig nützlich gewesen. Ach ja, wenn ich mich da nur nicht täusche, Finnerl. Aber du fährst ja jetzt vielleicht die Linie Sieben auf der Milchstraße. Sag mir nur: Gibt es dort oben auch diese saudummen Stangerln?

Maestro Michele

oder wie eiskalt es beim Film hergehen kann

Daß ich als Mittdreißiger auf einmal das in mehrerlei Hinsicht empfindliche Material „Film" zum Inhalt meines Arbeitslebens machen konnte und diese Materie seither nie mehr ganz aus der Hand gelassen habe, daran ist Michele schuld, mein Freund Michele, den ich ebensogut „Maestro Michele" nennen könnte. Er war nämlich auch ein wahrer Maestro als Beherrscher von Eiskugeln, Espressomaschinen, Spaghettiportionen und Marsalaflaschen. Sein Aussehen, seine Gestik und nicht zuletzt die souveräne Art, in der er nicht ganz einwandfreies Deutsch sprechen konnte, gepaart mit einer geradezu vornehmen und respekteinflößenden Weise, mit allen Leuten umzugehen, haben den Maestro in ihm und an ihm noch deutlicher gemacht. Kurz, er war eine Persönlichkeit in Regensburg, dessen Einwohner man im Hinblick auf Maestro Michele in drei Gruppen teilen konnte: in solche, die ihn nicht kannten, in solche, die ihn nicht leiden konnten, und in solche, die ihm gern zusahen, ihm gern zuhörten, ihn gernhatten. Zur letzteren Gruppe habe ich gehört, bis er aus Regensburg wegging, nach Italien zurück, an den Strand von Rom, seinen Alterssitz.

Maestro Michele – erst jetzt nenne ich ihn so, und niemand hat ihn in Regensburg so genannt, nicht einmal er selbst, obwohl er sich selbst nie unterschätzte –, Maestro Michele also war kein Römer, nein, er kam aus Sizilien. „Ich komme von dort, wo der Bandit her ist", sagte er, wenn er nach seiner Heimatstadt gefragt wurde. Soweit ich mich erinnere, hat er damit Messina gemeint. „Der Bandit" aber muß ein so gewaltiger gewesen sein, daß er keinen Namen nötig hatte, um gemeint zu sein. Das ist eben offenbar sizilianisch. Ehe die Nachkriegszeit meinen Freund Michele nach Regensburg brachte, in die Heimatstadt seiner Frau, hat er in Berlin gelebt, als Produzent einer „Deutsch-Italienischen Film-Union". Seine Kenntnisse in der Film- und Flitterwelt brachten ihm einen ersten Arbeitsplatz in Regensburg ein: Die ab 1945 zahlreich vertretene US-Army machte ihn zum Programm-Manager ihres Offiziersclubs. Und ich sage es gleich, auch wenn es niemand glauben will, daß mein Michele in diesem Job auch die Valente-Familie unter Vertrag genommen hat und damit zu den Förderern der nachmals so berühmten Sängerin und Filmschauspielerin Caterina Valente wurde. In dieser Sache kann ich als Zeuge dienen, weil ich mehrmals als Zuhörer dabeigesessen bin, wenn eine kleine, zarte Dame, die das Auftreten eines großen Generals hatte, meinen Freund Michele laut und stürmisch begrüßte und sich mit ihm lang und laut auf italienisch unterhielt. Nach ihrem ersten Besuch hat Michele zu mir gesagt: „Kennst du sie nicht? Das ist die Mutter von Caterina Valente!"

Als die US-Army aus Mangel an Clubs und den dazugehörigen Soldaten die Dienste meines Freundes Michele nicht mehr benötigte, mußte er das, was man heute „Show-Business„ (oder maulfaul gleich nur noch „ShowBizz") nennt, verlassen, obwohl es eigentlich seine Welt gewesen war. Michele fand rasch den zweiten Beruf, einen, den man als temperamentvoller Süditaliener in einer deutschen Stadt erfolgversprechend ausüben kann. Er eröffnete in der Maximilianstraße, unserer Hauptgeschäftsstraße, eine Eisdiele. Damit er, seine Frau und die beiden Töchter Inge und Lorena auch in der kalten Jahreszeit leben konnten, machte er die Regensburger mit starkem Kaffee, Espresso und Spaghettigerichten bekannt. Für Regensburg konnte er als Erfinder der Negativwerbung gelten, wenn er in sein Schaufenster ein Plakat hängte: „Wenn Sie gut schlafen wollen, trinken Sie meinen Kaffee nicht. Er ist zu stark!" Die Regensburger schmunzelten ob dieses Satzes und setzten sich Jahr um Jahr mehr der Gefahr aus, von Micheles Kaffee um den Schlaf gebracht zu werden.

Was mich betrifft, so habe ich weniger seinen Kaffee getrunken, dafür aber mehr von seinem feurigen Marsala, dem Wein seiner Heimat. Vor allem aber habe ich wahre Gebirge von Eiskugeln verkonsumiert und auch sehr viele Portionen „Spaghetti bianco", also Spaghetti ohne Soße, nur mit Butter und Parmesankäse. So war ich bald nicht nur eine der besten Kundschaften bei Michele, sondern auch eine Art Vertrauter, am Ende ein Freund; denn Freundschaft läßt sich auch daran erkennen, daß keiner dem anderen alles vorrechnet, was er für ihn tut. So aber waren wir zueinander: Er lieferte keine Portionen, sondern Berge von Spaghetti an mich, ich lieferte Ideen an ihn oder baute die seinigen sozusagen literarisch aus.

Ideen, Filmideen. Was sonst bei einem Mann, der neben einigen anderen Leidenschaften auch diejenige zum Film besaß? Oder hat sie ihn besessen, diese seltsame Sucht, aus Menschen, Umgebungen und langen, teuren Rohfilmrollen immer wieder Zappelbilder zu machen? Eine ansteckende Sucht ist das übrigens. Mich hat Maestro Michele verseucht damit und auch viele von denen, die ihm bei der Verwirklichung seiner Ideen geholfen haben. Einen Kulturfilm über Regensburg und Umgebung machten wir zunächst und später sogar einen Spielfilm, einen Kinderfilm, der zu Regensburg etwas belächelt wurde, am Ende aber dann sogar vom Fernsehen aufgekauft wurde.

Wir waren ein immer größer werdender Stab freiwilliger Mitarbeiter und Helfer. Maestro Michele konnte gar nicht soviel von uns verlangen, daß wir es für seine Filmerei nicht freudig getan hätten. Unserer Film-Kompagnie stand zum Beispiel nur ein einziges Auto zur Verfügung. Nein, nicht Micheles Wagen, der hatte gar keinen. Unser Auto gehörte dem Klaus, einer Kundschaft gleich mir, und der Klaus war natürlich auch der Fahrer (mit einigen Nebenposten). Ich war für das Drehbuch da und für die Standfotos. Das Teuerste an unserem Unternehmen war das unvermeidliche Professionelle: Filmmaterial, Kopieranstalt und vor allem die Kameraleute. Diese Kurbelmänner standen als einzige unserer filmischen Laienbewegung völlig nüchtern und real gegenüber, kassierten Tagesgagen in traumhafter Höhe und diese auch dann, wenn man wegen schlechten Wetters keine Aufnahmen machen konnte. „Wer kein Geld hat, soll auch keinen Film machen", war ihre harte These. Sicher, diese Leute mußten ja leben von ihrem Beruf und hatten keine Eisdiele nebenbei.

Hauptsache: Der Regensburg-Film wurde fertig, lief als Vorprogramm in mehreren Regensburger Kinos und wurde in den Zeitungen gütig besprochen. In der Erfolgsbegeisterung bestand Michele darauf, mir für meine Drehbuchschreiberei unbedingt zwanzig Mark Gage zu zahlen. Das war mir gar nicht recht. Ich habe den Lohn aber dann doch kassiert, quasi als Deputat: Ich habe die zwanzig Mark am Eis abgegessen. Dazu benötigte ich zwei Abende. Wer sich an den damaligen Eiskugelpreis erinnern kann, wird dies als gewaltige gaumensportliche Leistung zu schätzen wissen. Aber eine meiner Leidenschaften war eben das Eis, wie Micheles Leidenschaft das Filmwesen war.

Maestro Micheles Filmbegeisterung war nicht seine einzige Leidenschaft. Dafür war er schließlich aus Sizilien, der Insel der großen Passionen. Reden war, neben der Verehrung weiblicher Schönheit, Micheles zweite große Lust. Reden, erzählen, nicht nur mit Worten, auch mit großartigen, ganz natürlichen und deshalb so eindringlichen Gesten. Eines seiner Haupt- und Lieblingsthemen: sein großer Freund Benjamino. Welcher Benjamino? Keine Frage: Benjamino Gigli halt, der damals größte Tenor der Welt. Wer denn sonst?

Wir Eisesser, Spaghettischlinger und Marsalaschlucker in Micheles Bar haben nicht alles geglaubt, was er mit Mund und Händen erzählte. Das hat er auch sicher nicht von uns erwartet, wenn er sich auch herrlich empören konnte über unsere Ungläubigkeit, besonders, wenn wir immer wieder mit Zweifeln kämpften, ob sein „Freund Gigli" wirklich sein Freund sei, sein wohlvertrauter. In diesem Punkt wurde ich belehrt, daß Ungläubigkeit und Zweifel nicht immer angebracht sind. Wie das geschehen konnte? Ich wohnte damals noch bei meinen Eltern. Eines Tages erzählt mir mein Vater, der ein Eisenbahner war, daß der große Benjamino Gigli mit seinem Salonwagen nur für ein paar Minuten in Regensburg Station machen werde. Der Salonwagen müsse von einem Fernzug zum anderen umgehängt werden. Ein einfaches Rangiermanöver sollte also für Minuten den größten Tenor seiner Zeit und seinen Salonwagen, in welchem er fast alle seine Tourneen in wahrhaft königlicher Manier absolvierte, in die Stadt bringen. Und das wußte – ausgenommen einige zuständige Eisenbahner – nur ich. Und ich war beim „Tages-Anzeiger" Reporter. Eine exklusive Sache, so richtig möglich allerdings nur mit Hilfe meines Freundes Michele. Aber wenn das mit „mein Freund Gigli" doch nicht die reine Wahrheit sein sollte? Nicht auszudenken! So eine Chance für mich gegen mein Konkurrenzblatt!

Mit der Meldung eilte ich in Micheles Bar und fragte ganz ruhig und völlig harmlos: „Weißt Du, lieber Michele, daß dein großer Freund Gigli morgen nach Regensburg kommt?" Michele war einigermaßen betroffen. „Hat er es denn dir nicht mitgeteilt, dir, seinem guten Freund?" Maestro Michele litt ziemlich. Und ich gab keine Ruhe: „Wenn er doch dein Freund ist, der Gigli, mußt du doch zum Bahnhof gehen und ihm einen Blumenstrauß bringen. Und ich geh mit und mach ein Foto und einen Bericht für den ‚Anzeiger', ha?"

Und nun kam die große Überraschung. Michele antwortete: „Ja, das können wir machen. Nur – dein ‚Anzeiger' muß die Blumen zahlen; denn Blumen sind teuer, und der Film hat mich soviel Geld gekostet, und das Finanzamt nimmt mir den Rest." Es wurde so abgemacht, und so standen Michele und ich am anderen Tag zur rechten Zeit am Bahnhof, an einem abgelegenen Bahnsteigteil, wo nach Mitteilung des Fahrdienstleiters Giglis Salonwagen kurz abgestellt werden sollte. Der Fernzug fuhr ein, der Salonwagen wurde abgekoppelt und von einer Kleinlok zu unserem Bahnsteig rangiert. Gigli war natürlich nicht allein in seinem Luxuswagen. Manager, Betreuer, ein Diener. Man winkte heftig ab, als man uns sah, den Michele mit den Blumen und mich mit dem Fotoapparat. Aber der Michele gab nicht nach und hatte Glück. Benjamino Gigli war offenbar aufmerksam geworden, schaute aus dem geschlossenen Wagenfenster. Michele lächelte unsäglich und ganz wunderbar, hielt Gigli den Blumenstrauß entgegen – und tatsächlich holte der livrierte Diener den Michele in den Salonwagen, ich natürlich wie ein siamesischer Zwilling hinterdrein.

Benjamino Gigli und Maestro Michele, der Mann von der Eis- und Espressobar, umarmten sich, redeten absolut auf Italienisch miteinander, und ich konnte das alles fotografieren, exklusiv; denn der Konkurrenz war nichts zu Ohren gekommen. Bald kamen die Rangierer, und wir mußten den Waggon wieder verlassen. Michele stand am Bahnsteig und winkte dem Salonwagen nach, alle seine Goldkronen zeigend. Nach kurzer Zeit waren der große Tenor und sein Sonderwagen nur noch zwei Schlußlichter. „Ein wenig alt ist er geworden, mein Freund Gigli", hat der Michele gesagt. Und dann gingen wir auf einen Triumph-Marsala in Micheles Bar.

Meine Zeitungsredaktion war sehr zufrieden mit mir. Exklusiv einen Gigli! Ich aber rätselte damals wie noch heute: Hat dieser Benjamino Gigli tatsächlich den Michele erkannt oder hat er nur intuitiv die Not eines Landsmannes gespürt und dem Michele mit etlichen Umarmungen aus der Patsche geholfen? In diesem Fall wäre mein Respekt vor Maestro Michele um kein Gramm kleiner. Warum auch?

Irene Ohnegeschmack

oder wie aus einem Baumwollkleid
ein Pelzmantel wird

Wie heute weiß ich es noch, obwohl es schon wieder einige Jahrzehnte her ist: Ich sitze eines Tages an meinem Münchner Schreibtisch und denke gerade, wie schön es jetzt wäre, wenn ich in meiner Heimat Regensburg, der uralten Stadt am Strom, beim „Kneitinger", in der „Wurstkuchl", im „Hofbräuhaus" oder sonstwo hocken und halb- bis viertelwahre Geschichten für den Stammtisch von mir geben könnte. Da läutet das Telefon. Der Kneitinger? Nein, der hat mich nie angerufen, zu dem bin ich von selbst gekommen. Aber aus Regensburg kommt der Anruf doch: das Telegrafenamt. Eine sprechgeübte, aber durchaus nicht „hochsprachige" Frauenstimme: „Sind Sie Herr Werner Widmann?" – Freilich bin ich der. – „Haben Sie früher in Regensburg in der Friedenstraße gewohnt, hier bei uns?" – Freilich habe ich das. – „Friedenstraße 16a, vierter Stock, unterm Dach?" – Freilich unterm Dach, aber nah am Himmel. – „Dann grüß dich, hier ist die Irmi vom Galgenberg. Kennst mich noch?"

Freilich kenne ich die Irmi vom Galgenberg noch, die bei der Post damals angefangen hat, nach der Mittelschule. Anscheinend ist sie immer noch bei der Post. Hat sie spät ihre Liebe zu mir entdeckt, oder was sonst treibt sie ans Telefon? „Kennst du eine gewisse Irene Ohnegeschmack?" – Ohnegeschmack? Nein. – „Also, hör zu: Da ist bei uns am Telegrafenamt, wo ich nun eine Aufsichtsdame bin, ein Telegramm aus USA an einen Werner Widmann, hierorts, Friedenstraße 16a. Es geistert hier als unzustellbar durchs Haus und ist jetzt bei mir gelandet. Und da bist mir sofort du eingefallen und daß du doch jetzt in München wohnen sollst. Da hab ich alle Widmänner im Münchner Telefonbuch rausgsucht, und so hab ich dich jetzt gfundn." Phantastisch und doch so einfach!

„Also, hör zu! Jetzt les ich dir das Telegramm vor, und dann denkst halt noch einmal nach, ob du nicht doch eine Irene Ohnegeschmack in den USA kennst. Zutrauen tät ich dirs schon." – In den USA? – „Ja, in den USA, und jetzt hör zu: ‚Ankomme Donnerstag 14. November. Hotel Deutscher Kaiser München. Treff 15 Uhr. Deine Irene Ohnegeschmack.'" – Da kommt mir die Erleuchtung, und ich kann der guten Irmi sagen, daß ich nun weiß, wer die Irene Ohnegeschmack ist. Ich bedanke mich bei der Irmi und bei der durch sie vertretenen Post und wundere mich, welche Zufälle es gibt und wie da oft gleich mehrere zusammenspielen. Meine Frau wundert sich auch, die Ernestine. „Wer ist das nun wieder, Irene Ohnegeschmack?" – Ja, wer ist das nun wieder!

Irene Ohnegeschmack, das war Irene B. aus dem Michele Danton seiner Eis- und Espressobar. Dort hat sie bedient. Ihren vollen Mädchennamen sage ich nicht, weil er niemanden was angeht. Bei Mißwahlen hätte sie vermutlich keinen Preis gemacht, dafür aber bei Nettigkeitswahlen. Nur gibt es solche nicht. Ich hatte mich damals in die Irene verliebt. Sie hat mir gefallen, schon weil sie so wunderschön einfach gewesen ist. Da war ihr sicher nicht teures Baumwollkleid in Rot mit weißen, kleinen Punkten (ob es überhaupt Baumwolle war, die soll ja auch nicht gerade billig sein?) und so ein liebes Kinderlächeln und eine nicht geringe Portion Tolpatschigkeit beim Servieren von Eis oder Sizilienwein. Und weil sie so einfach war, ist sie auch einfach mit mir gegangen. Das erschien zunächst einmal als sehr abenteuerlich. Sie wollte in ein Tanzcafé in einem nördlich des großen Stroms und jenseits der uralten Steinernen Brücke gelegenen Stadtteil, in Stadtamhof. Das aber stand bei uns, die wir südlich des Stromes gewohnt haben, in keinem guten Ruf. Dieser große Strom, die Donau, war damals noch immer eine seltsame Trennung zwischen den Menschen auf den beiden Uferseiten, obwohl doch diese wuchtige alte Brücke die beiden Ufer verbinden sollte.

Nun bin ich also mit der Irene auf der Steinernen Brücke über den großen Strom gegangen, und den Wirt von diesem damaligen Tanzcafé bitte ich noch heute nachträglich um Verzeihung wegen meiner Vorurteile. Ich habe viele Abende mit der Irene bei ihm getanzt. Alles hat gar nicht viel gekostet, und fein angezogen haben wir auch nicht sein müssen, und auch eine Rauferei wollte niemand mit mir anfangen, wegen der Irene nicht und überhaupt nicht. Ich hätte da auch noch wen um Verzeihung zu bitten, ein ganzes Quartier: „Neu-Jerusalem". Das war eine Obdachlosensiedlung auf dem Sandberg, und in dieser hat die Irene gewohnt, bei ihrer Großmutter. „Neu-Jerusalem" – so genannt, weil die Obdachlosen-Einfachsthäusln flache Dächer hatten und, an den Sandberghang hingelehnt, eben wie eine Art Jerusalem ausgeschaut haben – gibt es längst nicht mehr. Sehr reiche Leute haben mittlerweile dort gebaut. Für sehr viel Geld. Und seltsamerweise auch mit Flachdächern. Bungalows, Atriumhäuser, Hanghäuser. Die Hängenden Gärten von Regensburg. Beneidenswert.

Die Irene war nicht beneidenswert. Sie war ein lediges Kind, und ihre Mutter arbeitete in einem Pfarrhaushalt. Da hat die Irene nicht hineingepaßt. Also hat sie bei der Großmutter in „Neu-Jerusalem" gewohnt. Und das war das größte Abenteuer und die ärgste Liebesprobe für mich: die Irene nachts nach dem Tanz oder auch nach der Arbeit immer heimbringen in dieses Quartier aus Flachdacheinfachsthäusern. Liebe ist aber größer als Furcht und Feigheit. Eines Nachts war es dann soweit. Ich schiebe mein Fahrradl den dunklen, fast unbeleuchteten Sandberg hinauf, die Irene eingehängt neben mir. Wir bleiben nahe beim Großmutterhäusl stehen und küssen uns. Da tauchen sie aus dem Dunkel auf, die Sandbergler, gefürchtet in der ganzen Stadt, lauter kräftige junge Burschen. Sie stehen um uns herum, erst schweigend, dann meint einer, daß man dies recht gern hätte, wenn einem so ein vornehmes Bürscherl aus der Südstadt die Weiber da heroben wegnehme.

Vornehm? Ja, das waren meine Tennisschuhe, die ich im Sommer immer zum Radfahren getragen habe. Und diese sollten jetzt in finsterer Nacht mein Verhängnis werden? Und die Irene! Die darf doch jetzt nicht merken, daß ich Angst habe. Also, reden mit denen, die da aus der Nacht aufgetaucht sind. Ich und vornehm? Daß ich nicht lache! Tennisschuhe? Freilich, wenn man kein festeres Schuhwerk hat, ist man froh um diese Weißen. Und ob die Herren auch stempeln gingen, wie ich? Was, das glaubt ihr nicht? Da ist meine Stempelkarte vom Arbeitsamt. Und auf der Karte steht „Fernfahrer". Weil ich das zwei Jahre vorher tatsächlich gewesen bin und hernach für einige Zeit stempeln mußte.

Die Stempelkarte, seit über einem Jahr nicht mehr gebraucht, hat mich damals gerettet. Mit der haben mich die nächtlichen Sandbergler anerkannt. Sie plauderten mit mir noch ein Weilchen, versicherten mir, daß ich durchaus keinen schlechten Geschmack hätte und daß man dies an der Irene sehen könne. Ratschläge habe ich auch noch von den Männern aus der Sandbergnacht bekommen, Ratschläge, die der Irene nicht so gefallen haben. Wilde Empfehlungen waren es. Seit dieser Nacht hatte der Sandberg jeden Schrecken für mich verloren, und daß ich keinen schlechten Geschmack mit der Irene bewiesen hatte, darin war ich mir mit meinen neuen Freunden zu „Neu-Jerusalem" vollkommen einig.

Ach so, da bin ich ja immer noch die Erklärung zu „Irene Ohnegeschmack" schuldig. Das war nun auch eine Geschichte, aber keine vom Sandberg, sondern eine vom westlichen Vorort Prüfening, vom Sommergarten beim „Glöckl-Wirt". Diese Gaststätte war damals in meiner Stadt am großen Strom der Inbegriff eines feinen und vornehmen Abendessens in sommerlich lauer Luft. Hier ließ der Wohlhabende seinen Tag ausklingen, und dorthin habe ich die Irene eingeladen, nicht ohne vorher Geld angespart zu haben. Für einen Lokalreporter mit acht Pfennig Zeilenhonorar ist solches Ansparen nicht einfach gewesen. Einen Schuß zu vornehm war mir der „Glöckl" schon, weil ich damals „geldig" und „vornehm" zu nahe zusammenbrachte. Und die Irene erst! Von den blonden Haaren bis zu den Sandalenfüßen hinunter nichts wie Schüchternheit und Verlegenheit. „Iß und trink, was du willst!" habe ich zu ihr gesagt. Wie aber dann die Bedienung die Irene gefragt hat, ob sie „schon etwas zum Trinken gewählt" habe, da hat die Irene ganz schnell gesagt: „Einen Sprudel ohne Geschmack, bitte." Daher kommt das „Irene Ohnegeschmack", weil ich sie noch lang mit ihrer allzugroßen Bescheidenheit aufgezogen habe. Wo ich ihr doch zeigen wollte, wie sich unsereins das Verwöhnen seiner Herzdame vorstellt.

Wir sind dann, wie es bei zwei Menschen, die beide nichts haben, noch leichter geschehen kann, irgendwie auseinandergekommen. Die Irene hat sich gut herausgemacht und sich am Ende mit einem reichen Jungen aus den USA verlobt. Der war in unserer Stadt in Garnison gelegen. Als er wieder in seinen Staaten war, hat er die Irene nachkommen lassen, hat ihr auch die Überfahrt bezahlt. Er muß sehr reich und aus sehr großem Haus gewesen sein. Die Irene ist auch mit dem Schiff hinübergefahren, aber geheiratet hat sie der gute Junge doch nicht. Er stand am Kai von Manhattan, das schon. Aber nicht um sie zu umarmen, sondern um ihr eine Ohrfeige zu geben. Allerbester Freunde wunderbar häßliches Werk im alten Europa war da im Spiel. Die haben der Irene die überseeischen Glücksaussichten nicht gegönnt, Lügen oder längst Vergangenes nach Amerika gemeldet. Verleumdungen überqueren den Ozean schneller als Schiffe.

Da stand sie nun in der großen Stadt New York, ohne Geld, ohne Bleibe, ohne Bräutigam und mit höchstens 400 Wörtern englischem Sprachschatz. Sie hat mir das alles später geschrieben, daß sie an Wohnungstüren Staubsauger verkauft und in einem Lohnbüro Karteien geführt hat. Dann habe ich nichts mehr von ihr gehört. Jahre nicht mehr. Bis zu diesem Telegramm der „Irene Ohnegeschmack".

Natürlich war ich an jenem 14. November um 15 Uhr in der Hotelhalle vom „Deutschen Kaiser" in München. Neugierig war ich, wie sie wohl ausschaut nach all den Jahren. Ob sie allein ist oder einen Mann dabei hat? – Ein Mann war dabei. Ihr Ehemann namens Walt. Sie kamen aus dem Marmorrahmen der Lifttüre auf mich zu. Ich hätte die Irene nicht mehr erkannt, wenn sie mit Walt nicht direkt auf mich zugekommen wäre.

Nerz statt weißgepunktetem rotem Baumwollkleid. Dafür dieses und jenes Fältchen. Aber die müssen ja nicht unschön machen. Das Kinderlächeln der Irene war immer noch da und auch immer noch diese entwaffnende Unbeholfenheit, das liebenswert Tolpatschige.

Der Walt, ihr Mann, ein stattlicher, ein vornehmer Herr, soweit ein Amerikaner auf einen Europäer überhaupt vornehm wirken kann. Er war weit älter als ich. Dafür sah er auch viel besser aus als ich. Einkäufer für Europa bei „Sears, Roebuck & Company", dem damals größten Versandhaus der Welt. Er war auf Einkaufsreise, mit Gattin. Wir sind zuerst zum „Spöckmeier" gegangen, damit der Walt die Münchner „Gemutlichkait" kennenlernen konnte. Das war noch der alte „Spöckmeier", den der Kreitmeier geführt hat, und nicht der Umbau zum Olympiajahr 1972, den dann der Süßmeier bei allem äußeren Beton innen doch sehr gut geführt hat. Die Irene hat gleich einmal einen Fehler gemacht. Zur Kellnerin hat sie in ihrer ozeanübergreifenden Sprachverwirrung nicht „Fräulein", sondern „Mädl" gesagt. Die Kellnerin, mit dieser Anrede vielleicht an ihre harte „Biermädl-Zeit" erinnert, war ganz schön grantig und hat gemeint: „Dir geb ich schon ein Mädl!" Ich habe aber alles aufklären, erklären und beschwichtigen können.

Vom „Spöckmeier" haben wir dann zum „Humplmayr" gemußt, einem damals sehr berühmten Schlemmerlokal der Wirtschaftswunderzeit. Walt wollte unbedingt hin. Er hatte sich schon jenseits des Großen Teiches sagen lassen, daß man nur beim „Hamplmaja" (wie er es aussprach) ein wirkliches Steak in „Old Europe" bekommen könne. Also gingen wir zu seinem „Hamplmaja". Wir bestellten Steaks und Rheinwein und allerhand noch. Und der Walt erzählte mir vom größten Gebäude der Welt, das seine Firma gerade in Chicago bauen lasse, 443 Meter solle es hoch werden, ohne die Rundfunkantennen gerechnet, und 110 Stockwerke solle es bekommen. Und ich habe ihm erzählt, daß mir seine Firma durchaus bekannt sei, weil ich in den schlechten Zeiten nach dem Zweiten Weltkrieg im „Amerika-Haus" keineswegs nur in den Regalen der höheren Literatur geschmökert, sondern mir auch oft den dort ausliegenden Riesenkatalog von „Sears, Roebuck & Company" neidvoll und traurig angeschaut habe. Er, der Walt, hat mir aber zugestimmt, als ich ihm gesagt habe, daß wir Deutschen schon auch wieder ziemlich gut sind und auch ein ganz großes Versandhaus haben.

Ein Pianist an einem richtigen Flügel hat beim „Humplmayr" die feinen Schlemmereien musikalisch untermalt. Der Irene hat das gut gefallen. Sie war ziemlich selig. „Wörner", hat sie zu mir gesagt, „Wörner, kann uns der Mann an die Piano auch den Liebestraum von Tschaikowsky spielen? Gib ihm diese Zwanzigmarkschein, ja?" – Ich habe dem Pianisten verstohlen den Geldschein zugesteckt, und er hat ihn recht gern gespielt, den Liebestraum, freilich vom Franz Liszt. Aber in den USA, so hat man mir später versichert, ist alle nichtamerikanische Musik entweder von Richard Wagner oder von Tschaikowsky. Es ist auch gar nicht so wichtig gewesen, von wem dieser Liebestraum der Irene war, Hauptsache, es war einer. Die Irene hat während des „Liebestraums" recht verwirrt dreingeschaut und mich gefragt, ob er mir gefalle. Nicht der „Liebestraum", sondern der Walt. Und ich habe mit voller Überzeugung zu ihr sagen können, daß er genau der richtige Mann für sie sei. Nach „Neu-Jerusalem", nach dem roten Kleid mit den weißen Punkten, nach dem mißtrauischen und nicht verzeihen könnenden Ohrfeigen-Bräutigam war der Walt ein Segen. Und ich wünschte ihm zwischen Steak und „Liebestraum" damals insgeheim ein langes Leben, damit er immer für meine „Irene Ohnegeschmack" sorgen könnte. Sie war es wohl wert.

War? Seit Jahren habe ich nichts mehr von Irene gehört. Nach dem „Liebestraum" im „Humplmayr" habe ich noch einige Jahre zu jedem Weihnachtsfest von der Irene und vom Walt eine „Christmas-Card" bekommen. Es war immer ein Farbfoto auf der Karte, das mir Jahr für Jahr getreulich die physische Entwicklung eines Knaben namens Andrew vor Augen führte. Er bildete sozusagen den Engel auf diesen Weihnachtsbotschaften und ganz gewiß auch den Engel in Irenes reifem Frauenleben. Immer erwachsener wurde dieser Engel Andrew, und ich habe mir vorgestellt, wie die Irene nun langsam in die Jahre kommt.

Ob sie ihr schönes Kinderlächeln an den Andrew abgegeben hat? Ob sie überhaupt noch lebt, jetzt, da keine Karte mehr kommt, schon lang keine mehr kommt? Und ob sie Heimweh hat nach der alten Stadt am Strom?

Weil aber auf jeder Karte „Brief folgt" stand und dann doch nie ein Brief gefolgt ist, habe ich annehmen müssen, besser gesagt dürfen, daß die Irene gar kein Heimweh hat, daß der Walt und der Andrew und jenes, von Grün umgebene weiße Holzhaus an irgendeiner Park-Avenue irgendeiner Vorstadt von Chicago nun ihre wirkliche Heimat geworden sind. Und das wäre dann alles doch gut so; denn, sind wir doch ehrlich: Ich und alle, die es noch angegangen wäre, viel haben wir nicht mit ihr vorgehabt, mit der „Irene Ohnegeschmack". Und wenn ich ihr hundertmal damals beim „Glöckl" in Prüfening Wein statt Wasser habe geben wollen. Wein allein tut es sowenig wie Wasser allein.

Die Brändl-Kramerin

oder wie man aus kleinen, blauen Heften
leben kann

Fünf Schwestern sind sie gewesen, als Schulmädchen wahrscheinlich mit den gleichen bizarren Träumen ausgerüstet wie alle Schulmädchen dieser Welt. Vier von ihnen haben geheiratet. Davon haben zwei ihren Mann überlebt, eine hat den ihren vom Schauplatz des vorletzten Kriegstages in Regensburg tot auf einem Leiterwägelchen zum Friedhof gefahren und ihn eigenhändig begraben. Weil ihr nichts anderes übriggeblieben ist. Zum gewöhnlichen Weinen wird sie bei diesem letzten Liebesdienst gar keine Zeit gehabt haben. Aber von ihr und den anderen drei Schwestern will ich ja sowieso nicht erzählen, sondern von der, die ich am besten gekannt habe: von der Brändl-Kramerin, die ihren kleinen Laden an einem der Regensburger Flußufer gehabt hat. Natürlich nicht direkt am Ufer, sondern eben in einem der kleinen Häuser einer Uferstraße des Stadtnordens. Weil ich mit meinem Bericht vielleicht Lebende kompromittieren könnte, sag' ich die Straße nicht genau, obwohl sich ja niemand für Armut schämen muß, meine ich.

Eigentlich hat sie ja Berta Brändl geheißen, und das werde ich wohl noch sagen dürfen, weil der Name einer braven Weibsperson nicht weniger wiegt als der eines Ritters aus der Tafelrunde des Königs Artus. Von Beruf war sie, wie gesagt, Kramerin, dazu auch Tante. Letzteres konnte sie besonders gut sein mit ihrem nie versiegenden Bestand an „Guatln", von denen sie oft und oft eine kleine Rogel voll verschenkte, wobei eine Rogel eine

Spitztüte ist, weil „Rogel" soviel wie „Gefäß" bedeutet. Und das schon lange, wie dies der bayerische Sprachforscher Johann Andreas Schmeller aus Tirschenreuth in der Oberpfalz in seinem „Bayerischen Wörterbuch" vor 150 Jahren einwandfrei festgestellt hat. Aus diesem großartigen Werk eines wackeren Oberpfälzers kann man auch noch ein zweites Wort herauslesen, das für die Brändl Berta recht bedeutsam gewesen ist: die „Pudel". Selbiges Wort meint den Ladentisch, den Ladenpudel, der eigentlich weiblichen Geschlechts ist (schon um ihn vom gleichnamigen Hund unterscheiden zu können), aber in der allgemeinen Sprachverwirrung unserer Zeit zwischen „dufte" und „irrsinnig gut" gerade noch ein wenig überlebt hat, wenn auch nur in der männlichen Form.

Die Brändl Berta hat ihrer lieben kleinen Verwandtschaft (und nicht nur der) so manche kleine Rogel mit Kokoswürfeln, Minzenzeltln oder Veilchenpastillen über die Ladenpudel herübergelangt, bevor sich die kleinen Leute von ihr verabschiedet haben. Und so ein Abschied von ihr war keineswegs eine recht zärtliche Zeremonie. Die Schwester von einer, die aus Gründen der absoluten Notwendigkeit ihren toten Ehemann an sein Grab karren kann, hat keine falschen Sentimentalitäten in ihrem Seelenkästchen. Wenn sie da beispielsweise einem kleinen Mädchen so eine süße Rogel in die Hand gedrückt hat, konnte man sie etwa so hören: „So, und jetzt schau nur grad, daß d' weiterkimmst, Hundsdirndl, g'feilts. Und daß d' ma ja den scheena Gruaß dahoam ned vergißt, du Dalkn." War dann die Empfängerin der Guatl-Rogel vor der Tür, dann hat die Brändl Berta übers ganze Gesicht gelacht und zu der anwesenden Kundschaft gesagt: „Jetzt werd ichs doch ned derschreckt hab'n, des kloa Luada?" Und dann ist ihr Gesicht, das kein hübsches, aber noch weniger ein häßliches gewesen ist, unsagbar zärtlich geworden. Ja, unsagbar. Das Wort muß jetzt her, weil es kein besseres in diesem Fall gibt.

Von was die Brändl Berta gelebt hat, weiß ich nicht so recht. Freilich hat sie Kunden gehabt, nur habe ich kaum einen davon auch bezahlen sehen. Das muß jetzt nicht heißen, daß die alle nie bezahlt hätten, keineswegs. Es wurde ja schließlich auch alles ordentlich festgehalten, was da so eingekauft worden ist, in kleinen blauen Oktavhefterln. Für jede Stammkundschaft hat die Brändl Berta eines gehabt. Da ist der Name außen draufgestanden, und innen drinnen standen die Beträge. Die offenen und die schon beglichenen, letztere dann durchgestrichen. Ein Zahlungsziel hat es sicher auch gegeben. Am Ersten oder jeweils am Freitag, der damals noch für viele Leute Zahltag gewesen ist. Das Zahlungsziel ist nicht immer eingehalten worden, das weiß ich ganz bestimmt. Gar manche Kundschaft hat um Aufschub bitten müssen. Gründe dazu hat es genug gegeben, vom kranken Kind bis zum betrunkenen Mann. Hin und wieder habe ich in der Brändl Berta ihrer Kramerei die eine oder andere Frau beobachtet, die verstohlen ein paar Tränen aus dem Gesicht gewischt hat oder schluchzend und stoßend vielleicht gesagt hat: „Und ein halbes Pfund Margarine wenn ich halt auch noch mitnehmen könnt?" Sie konnte. Das stand fest.

Möglich, daß die Brändl Berta mit ihrer Kramerei mehr Einblick in das Leben der ärmeren Familien in ihrer Gegend gehabt hat als der zuständige Stadtpfarrer. Sie stand ja schließlich nicht durch das Gitter des Beichtstuhls, sondern über die Ladenpudel hinweg in Verbindung mit ihren Schäflein. Ganz sicher bin ich mir, daß die Brändl-Kramerin hin und wieder einen endgültigen Strich durch offene Rechnungen in dem einen oder anderen blauen Hefterl gemacht hat. Manchmal mußte sie ihn machen, weil die Kundschaft, zu der das Heft gehörte, einfach nicht mehr gekommen ist. Manchmal hat sie ihn aus christlicher Nächstenliebe gemacht, weil sie eingesehen hat, daß den betreffenden Schuldnern geholfen werden muß. Mit einem einzigen Strich durch Wortreihen wie „Margarine, Brot, Marmelade, Süßstoff, Schuhfett, Talgkerzen, Zwirnsfaden" hat die Brändl Berta ganze Familien tief aufschnaufen lassen. Und manchmal wird das zuständige, damals noch „Familienoberhaupt" genannte Mannsbild gar nicht mit aufgeschnauft haben, weil es die Wohltat einer fremden Frau an den Seinen gar nicht mitbekommen hat. Vor lauter Rausch.

Die Kunden der Brändl Berta zerfielen grundsätzlich in drei Gruppen: Die einen bezahlten immer gleich und kamen täglich, die anderen bezahlten am bestimmten Zahlungsziel und kamen auch täglich, die dritten aber bezahlten nicht immer am bestimmten Zahlungsziel und kamen dafür auch nicht täglich. Wenn diese nämlich bares Geld hatten, kurz nach dem Zahltag etwa, dann gingen sie zur großen Konkurrenz, zum Laden einer mittlerweile auch längst von der Bildfläche verschwundenen Filialkette. War das Bargeld hin, kam man vom Großgeschäft wieder an die Ladentür der Brändl Berta. Die hat das schon gewußt, was aber den Pendlerinnen zwischen Barkauf und Aufschreiben unbekannt blieb. Vielleicht hat manche von ihnen gemeint, daß man der Brändl Berta ja nicht alles auf die Nase binden müsse. Diese sehen sich hiermit nachträglich getäuscht.

Die Brändl Berta hat keine eigenen Kinder gehabt, wohl aber einen Mann. Das ist der Martin gewesen. Ich glaub', daß sie recht stolz auf ihn war, weil er ein stattlicher Mensch gewesen ist. Gut, daß die Berta ihre Kramerei gehabt hat; denn ihrem Mann ist sein Beruf mitten im Leben ausgestorben: Er war Flößer auf dem Regen. Ja, so etwas hat es einmal gegeben. Davon konnte er herrlich erzählen. Das mag in den jungen Ehejahren der beiden ein recht schönes Hausen gewesen sein. Er als gut verdienender Flößer und sie hinter der Ladenpudel, was auch etwas hereinbrachte. Später haben sie dann den Laden zu zweit geführt, wenn der Martin nicht gerade beim Kegeln war, das er meisterhaft beherrschte (und auch beim Kegeln gibt es die Pudel, das ist der lange Laden, auf dem die Kugel aufgesetzt werden muß). Auch beim Tarocken und Schafkopfen war er der ungekrönte König. Ich habe nur einmal mit ihm gespielt und habe mit den besten Karten in der Hand elend verloren. Nicht weil der Martin betrogen hätte, sondern weil ich einfach mit meinen guten Karten dümmer umging als er mit seinen schlechteren.

Wenn es kalt genug war, wurde der Brändl Martin wieder Flößer. Allerdings nicht mit Holz, sondern auf Eis. Er leitete dann umsichtig einen Trupp von Männern, die für die Brauerei Auer das Eis machten. Sie hackten auf dem zugefrorenen Regenfluß herum, sägten größere Schollen aus, tanzten und sprangen auf ihnen, dirigierten sie ans Ufer, häuften sie auf und luden sie auf Fuhrwerke, die das Eis in den Sommerkeller brachten. Kühle für das Bier und den Durst des nächsten Sommers wurde da aus dem winterlichen Fluß geerntet. Wer den Brändl Martin dabei beobachtete, sah klar und deutlich, daß hier ein souveräner Könner am Werk war, ein Virtuose am Fluß, ein Meister im Umgang mit auf dem Wasser treibenden Dingen. Das war eben auch Spiel, Risiko, Geschicklichkeit, genau wie das Kegeln, das Tarocken und das Schafkopfen. Ganz anders war der Martin, wenn er so um die Novemberzeit herum die großen, kalten Weißkrautköpfe hobelte, das Gehobelte in ein Riesenfaß tat und es lagenweise salzte und einstampfte. Da war er viel schwerer, bäuerlicher. Das war kein Spiel mehr für ihn, das war einfach Arbeit, sonst nichts. Doch muß gesagt werden, daß das Brändlsche Sauerkraut weitum beliebt war. Sein Kraut.

Der Brändl Martin hat seine Berta überlebt. Jetzt ist er auch schon lange tot. In die jetzige Zeit hätten sie alle zwei nicht mehr gepaßt. „Tante-Emma-Laden". So ein Schlagwort hätte sich die Berta verbeten, und der Martin wäre möglicherweise sogar recht grantig darüber geworden. Dümmliche Schlager-Nostalgie, die weiter nichts als Gschäfterlmacherei mit den Gefühlen der Zuhörer und Plattenkäufer ist, hat die Brändl Berta nicht betrieben. Sie war Kramerin und keine Institution der Sentimentalität. Sie betrieb ihren kleinen Handel hinter der Ladenpudel und nebenbei auch so etwas wie angewandte Sozialwissenschaft. Auch wenn sie nicht gewußt hat, daß es Sozialwissenschaft gibt. Und eine Sozialarbeiterin ist sie mit ihren blauen Hefterln, aus denen und mit denen sie gelebt hat, schon gewesen, ehe es den ersten tariflich bezahlten und mit Urlaubsrecht ausgestatteten Sozialarbeiter (wer dieses saudumme Wort nur erfunden hat?) gegeben hat. Es wäre schön, wenn man der Brändl Berta drüben auch so ein kleines, blaues Hefterl angelegt hätte. Vielleicht sogar mit einem Guthaben. Wenigstens aber mit einem dicken Strich durch die Schuldigkeit.

Meine Menschensammlung

Dritte Abteilung

Draußen in der Welt

Sie, hochgeschätzte Leserin, hochgeschätzter Leser, müssen nur umblättern, wenn Sie mit mir in der dritten Abteilung meiner Menschensammlung die Stadt Regensburg verlassen wollen. Ich habe das damals schwerer gehabt, weil ich ja eigentlich nie von dieser Stadt weggewollt habe. Und so weinte ich damals, an einem Maientag des Jahres 1959, dummerweise sogar ein paar Tränen, als ich mit dem ersten Auto meines Lebens – vier Tage vorher hatte ich es und den Führerschein erworben – abgedampft bin. Unheimlich weit weg, gleich gut 70 Kilometer, bis nach Deggendorf, vorläufig.

Dieses zwar freiwillige, aber auf Dauer gedachte Weggehen von einem Ort, der einem lieb ist, war in der von mir erlebten Form eigentlich gar nicht zulässig. Ich hatte ja kurz vorher vom Fahrlehrer gelernt, daß man weder betrunken noch in erregter Stimmung am Steuer eines Wagens sitzen dürfe. Ich war aber erregt, sichtlich. Also hätte ich dableiben müssen. Dann wäre ich allerdings nie in die Welt hinausgekommen, in meine liebe bayerische Welt, die zwar aus drei Teilen besteht, nämlich Altbayern, Franken und Schwaben, die aber für mich zu einer einzigen Welt mit so vielen schönen Bildern geworden ist, daß ich heute nie und nimmer eine absolute Antwort auf die Frage geben kann, wo es mir in Bayern am besten gefällt. Dieser Umstand hat mich in einen höchst merkwürdigen Zustand von „Heimatlosigkeit" (die wahren Heimatlosen mögen es bitte nicht als Frevel auffassen) versetzt, bei dem ich zwar immer rundherum von Heimat umgeben bin, aber keine direkte Heimat mehr habe, einen einzigen, bestimmten Ort, zu dem allein man immer und immer wieder hin möchte, um am Ende ganz dort zu bleiben. Wobei ich schon feststellen muß, daß ich nach 37 Jahren wieder in Regensburg gelandet bin und eine größere Lust zum Fortgehen nicht mehr in mir verspüre.

Bilder habe ich viele gesehen in meiner bayerischen Welt. Und Menschen genug getroffen. Sie sind alle in der dritten Schublade meiner Sammlung. Einige davon zeige ich jetzt her, ganz bestimmte Menschen und sogar ein vierbeiniges Wesen namens Minda. Da ist aber auch ein Allgäuer Bauer, der sich in seine von ihm geschnitzten Madonnen ein bißchen verliebt hat, dazu eine von weit her gereiste Frau, die sosehr in ihrer Wahlheimat aufgegangen ist, daß man sie dort gleich als „Rhönhexe" fest installiert hat. Ja, und dann darf ich vielleicht noch zwei Namenlose vorstellen, die für zwei Berufe stehen, zu denen ich besondere Beziehungen habe und die ich deshalb auch in meine Sammlung getan habe: einen „Hausl" alten Stils und den „Unbekannten Kleinstadtredakteur". Und gleich zu Anfang möchte ich vom „Purzelchen" berichten, einem tapferen Mädchen, das mir begegnet und wieder verlorengegangen ist. Das war auch draußen in der Welt, aber weit vor dem Tag, da ich Regensburg dann auf Dauer verließ.

Purzelchen

oder der Beweis, daß es auch 1945 Liebe gab

Sie trug einen großkarierten Rock, der übers Knie reichte, dazu wahrscheinlich eine Art Pullover (denn es war Ende September, und die ersten Herbstwochen waren um 1945 herum nicht immer sehr warm), und sie trug sicher noch dies und das. Ihre Haare waren blond, eher von der nicht ganz hellen Art. Ihre Figur war diejenige einer Siebzehnjährigen, deren vornehmste Nahrung aus Kartoffeln bestand. Ihr Gesicht war für mich bald das allerschönste, das es damals auf der Welt gab. Es könnte aber heute in keinem, in gar keinem Wettbewerb der Schönheit einen Preis machen, da die Gesichter in der Zwischenzeit völlig anders geworden sind, nicht nur weil man heute einer Zwölfjährigen schon Kosmetik zum Geburtstag schenkt. Wimperntusche, tiefste blaue Schatten auf den Lidern, also weibliche Dämonie, die den männlichen Menschen heute in wunderbarer Weise hinters Licht führt, hat es damals nicht gegeben. Zumindest nicht am Ort meiner Handlung, nämlich in einem halbrund gebauten, größeren Gebäude, das im Tal der Tiroler Achen, unweit von Marquartstein, auf dem Weg nach Schleching, herumstand und noch heute dort steht. Eine „Mottenburg" war damals dieses Gebäude, ein Sanatorium für an Lungentuberkulose erkrankte Eisenbahner und deren mitversicherte Angehörige. Die „Motten", das waren die Tuberkeln, die Verursacher jener Krankheit. Meist durch schlechte Ernährung hervorgerufen, ist sie heute in wohlhabenden Ländern fast ausgestorben, hat Krankheiten, die von der Völlerei kommen, Platz gemacht.

Das Mädchen mit dem großkarierten Rock, Inge geheißen, hatte die „Motten". Ich hatte sie auch. Nur, die Inge hatte sie in ihren zarten Lungenflügeln und war „offen", also ansteckend, ich hatte sie nur im verzweigten System der Lymphdrüsen, war „geschlossen" und daher nicht ansteckend. Sterben hätten wir beide daran können, sie an ihren und ich an meinen „Motten". Gestorben ist aber nur sie, die Inge, das „Purzelchen", wie ich sie bald nannte. Das war ein Kosename, und Kosenamen erfindet nur, wer liebt. Das ist ja hoffentlich klar. Und sterben lassen wollte ich die Inge, mein „Purzelchen", eigentlich erst am Ende dieser Geschichte. Aber vielleicht ist es gut, wenn ich jetzt schon den so ganz und gar nicht glücklichen Ausgang vorwegnehme, wobei ich vielleicht bemerken darf, daß ich die Inge überhaupt nicht sterben lassen möchte. Aber sie ist halt einfach gestorben, ein paar Tage nach ihrem 18. Geburtstag. An den „Motten". Die Ärzte und ihre Helfer nennen das einen „Exitus".

Die Gesundheitsbehörde hatte mich, den Sohn eines Eisenbahners, im September 1945 in jenes Sanatorium geschickt. Anfahrt von Regensburg bis München in offenen Güterwagen, Weiterfahrt in den Chiemgau bis zur Station Übersee schon in einem richtigen Personenzug und dann die letzte Strecke nach Marquartstein in einem wunderbaren Exemplar von Ludwig Thomas „Lokalbahn". Ein besseres Bett und reichlicheres Essen als daheim waren meine ersten positiven Eindrücke. Das Zimmer teilte ich mit dem Hasler Fritz, einem gelernten Schuster aus dem Erzgebirge. Der freundliche Mensch unterhielt mich stundenlang mit wundersamen Lügengeschichten aus seiner Heimat und klärte mich auch über die „Besatzung" des Sanatoriums auf. Die Patienten und das Personal kamen aus Schlesien und dem Gebiet, das man kurz vorher noch „Warthegau" genannt hatte, also aus dem Land um Posen. Auch einige Ostpreußen gab es. Von einem davon habe ich mir den Namen gemerkt, weil er so seltsam für meine Ohren klang: Klaus Taszienes. Die ganze „Besatzung" war einige Monate vor Kriegsende in zwei Lazarettzügen aus der alten Heimat ins Tal der Tiroler Achen evakuiert worden.

Was für ein Fremdling muß ich, ihr erster und zunächst einziger Bayer, für alle meine Hausgenossen gewesen sein! Der einzige

Fremdling, der eine Heimat hatte! Paradox. Mir damals neunzehnjährigem Burschen fiel die Anpassung überhaupt nicht schwer, und für meine Mitpatienten und das Personal war ich sicher ein erster Vorbote ihrer neuen Heimat. Da alle gleich arm waren, herrschte wunderbare Harmonie. Niemand meckerte über das Essen oder über sonstwas. Wir waren alle noch einmal davongekommen, die anderen hatten freilich ihre Heimat dabei verloren und blieben noch lange im ungewissen über das Schicksal ihrer Angehörigen. Daß ich da weit besser dran war, hat mir aber keiner übelgenommen.

Das im Halbrund gebaute Haus hatte eine große Terrasse, von der man ins Achental hinaus und bis zu den Loferer Steinbergen hinüberschauen konnte. Auf dieser Terrasse ist mir die Inge zum ersten Mal begegnet. Mit der (oftmals Schwierigkeiten nach sich ziehenden) Fähigkeit ausgestattet, mich rasch verlieben zu können, war ich auch gleich verliebt, zeigte dies freilich keineswegs, sondern zog mich eher zurück. Wohin? In die Natur. Ich wanderte in den freien Stunden durch die Auen des Achentals, freute mich an kleinen Seen, die ein tagelanger Regen auf den Wiesen geschaffen hatte. Nebelschwaden lagerten über den Gewässern, rissen auf, bildeten sich neu. Falls ich ein Dichter sein sollte, bin ich es damals geworden, sah hinter den Dunstschwaden eine Bergelfenkönigin ihr Schleierfest feiern und schrieb das als mein erstes Märchen auch auf. Nicht schwer zu erraten, daß diese Königin, wenn sie nicht gerade in Schleiern tanzte, einen großkarierten Rock trug, genau wie mein „Purzelchen".

Irgendwann und irgendwie muß es die Inge gemerkt haben, daß ich sie liebe. Sie aber brachte mir mit großem Zartgefühl bei, daß sie in mir nur einen sehr guten Freund sehen könne, da sie schon einen anderen liebe, nämlich den Anderl aus Traunstein. Und dem, so sagte sie mir und war dabei recht gut zu mir, dem sähe ich so ähnlich. Das täte ihr so gut. Und dann erzählte sie mir ihre Geschichte, für die ich sie noch heute bewundern muß, weil es die Geschichte eines tapfer liebenden Mädchenherzens ist und ganz bestimmt für viele Schicksale der Jahre 1944 und 1945 stehen kann.

Als Sechzehnjährige hat man die aus Berlin-Nord (ich weiß noch heute: Friedenstraße 4) stammende Inge in ein Sanatorium im Holsteinischen eingewiesen. Dort hatte sie den Anderl aus Traunstein kennengelernt. Er war ein frisch ausgebildeter Gebirgsjäger und befand sich mit seiner Einheit auf dem Weg nach Norwegen (die Norweger mögen es ihm verzeihen, er konnte eigentlich nichts dafür und hat es ja auch vermutlich nicht überlebt). Die Inge meinte, sie hätten sich dort oben im Holsteinischen sogar verlobt. Im Mai 1945, der Krieg war vorbei, die Wege nach Berlin versperrt oder wenig verlockend, machte sich das Mädchen auf den Weg in die Heimat ihres Verlobten. Über zwei Wochen war die kranke Inge zu Fuß, per Anhalter und hin und wieder auch per Bahn unterwegs. Tausend Kilometer quer durch Deutschland. Anderls Familie hat die Inge in Traunstein gut aufgenommen. Das Wichtigste aber fehlte: der Anderl. Ob er gefallen war oder je wieder heimgekommen ist, weiß ich nicht. Solange die Inge noch lebte, galt er als vermißt. Wenig erfreut dürfte Anderls Familie gewesen sein, als das Gesundheitsamt ein „Off-Limits"-Schild an ihrem Haus anbrachte, das besonders die US-Angehörigen vor den „Motten" der jungen Inge warnen sollte. Das war wie gebrandmarkt.

Bald schickte das Gesundheitsamt die Inge in die nahe „Mottenburg" bei Marquartstein. Gleich den anderen dort konnte sie – zumindest im Augenblick – nicht in ihre Heimat zurück. In einem Punkt unterschied sie sich aber doch: Sie war weder Eisenbahnerin noch Eisenbahnerkind. Ohne Bedeutung? Durchaus nicht! Dieser Umstand hat nämlich zu ihrem frühen Tod beigetragen, wie man noch sehen wird.

Zunächst aber erlebten Inge und ich ein paar wunderbare Wochen. Keine Liebeswochen, sondern Freundschaftswochen. Der Ort der Handlung wechselte Anfang Oktober. Das sehr schön und aufwendig gebaute halbrunde Haus bei Marquartstein wurde nämlich von den Amerikanern beschlagnahmt. Wir alle zogen in zwei ziemlich altmodische, aber irgendwie höchst romantische Häuser in Alzing bei Siegsdorf um. Die Frauen und schwerkranke Männer kamen ins besser ausgestattete Hauptgebäude, die leichteren Fälle der Männer, darunter auch ich, wurden im Nebenhaus untergebracht. Gemeinsam traf man sich täglich mehrmals im Speisesaal des Haupthauses und in den acht obligatorischen „Liegestunden", die wir in einer nach Süden offenen Halle verbrachten, von der man einen wunderbaren Ausblick auf die Chiemgauer Alpen, vor allem den Hochfelln und Hochgern, hatte.

Wunderschöne Herbsttage waren das. In den freien Stunden zogen wir zu viert los: Das „Purzelchen" und ich, dazu der Buhrke Heinz, mein um zwei Jahre jüngerer neuer Zimmerkollege, der aus Königsberg in Ostpreußen stammte, und die Steinbeißer Dora, die neu dazugekommene Tochter des Bahnhofsvorstands von Raubling bei Rosenheim, zwei Bayern und zwei Preußen also. Im unmittelbar benachbarten Bad Adelholzen schenkte uns eine freundliche Ordensschwester hin und wieder ein einfaches Blumenstöckl aus dem Treibhaus, in der „Alzinger Alm", einem gemütlichen Gasthof, saßen wir in froher Runde beim damals notorischen „Kaltgetränk", und an Sonntagen wanderten wir bis nach Maria Eck hinauf. Diesem „Balkon des Chiemgaus" gehört meine besondere Liebe noch heute. Als im Dezember Schnee fiel, entdeckten der Buhrke Heinz und ich in einem Schuppen auf dem Sanatoriumsgelände einen großen, zum Lastentransport bestimmten Hörnerschlitten und fuhren mit unseren „Damen" rasant die steile Strecke hinunter, die von Adelholzen zum Bahnhof Bergen führte. Die Lenkung dieses schweren Gefährts war mir übertragen; denn Bayern müssen so etwas können. Daß ich es konnte, wundert mich noch heute.

Mit dem Schnee und dem Dezember kam der Tag immer näher, vor dem sich alle meine Hausgenossen, Personal und Patienten, sehr fürchteten: Weihnachten. Für die Dora war es einfach. Sie fuhr über die Festtage heim ins nahe Raubling. Auch mir bot der junge Chefarzt Dr. Köhler (wie habe ich ihn gern gehabt, weil er so warmherzig war) eine Heimreise an. Ich wollte aber dableiben. Nein, nicht nur wegen der Inge, das muß man mir schon glauben, sondern auch weil ich allen meinen „Mottenschwestern und Mottenbrüdern" Weihnachten möglich machen wollte. Ich betrachtete das als eine ganz wichtige Aufgabe, die in diesem Fall nur ich erledigen konnte. Noch nie vorher und eigentlich auch nicht mehr nachher habe ich in Weihnachten so viel Sinn gesehen wie an diesem ersten Heiligen Abend nach dem Krieg. „Weihnachten ist immer, es läßt sich nicht abschaffen", erklärte ich. Die anderen aber winkten ab und baten: „Reden Sie bitte nicht von Weihnachten. Das halten wir nicht aus." Ich aber ließ mich nicht beirren. Meinen Eltern schrieb ich, daß ich nicht heimfahren dürfe. Für die Folgen dieses Briefes muß ich mich noch heute schämen. Meine Mutter reiste zu dem armen Buben per Bahn und zuletzt auf einem offenen Lastwagen an und brachte mir das, was man damals schenken konnte: Backwaren nach Einfachstrezepten. Schuld war ich an den Strapazen ihrer Reise, und an die Wahrheit hatte ich mich auch nicht gehalten.

Allen in den beiden Häusern des Alzinger Sanatoriums teilte ich mit, daß man bei mir Geschenke mit dem Namen des Beschenkten abgeben könne. Zu meinem größten Erstaunen wurde viel abgegeben. Am Ende war für jeden ein Packerl dabei. Dabei konnte eigentlich jeder nur etwas aus seiner ärmlichen Habe hergeben; denn kaufen – wenigstens gegen das wertlose Geld – konnte man nur sinnloses Zeug. Ich habe dann für jedes Packerl, also für jeden meiner Mitbewohner des Heims, ein paar Zeilen gedichtet und auch einen ziemlich holprigen und sicher auch nicht unschwulstigen Weihnachtsprolog. Der Inge habe ich aus Pappdeckel und irgendwie aufgetriebenem Goldpapier zwei Flügel gemacht. So zog das „Purzelchen" am Heiligabend in einem mit Goldsternen benähten Nachthemd als wunderbarer Engel einen Schlitten mit den Geschenken in den Speisesaal. Dort saßen sie, die armen Menschen aus dem Erzgebirge, aus Ostpreußen und dem „Warthegau". Keine Erwartung war in ihren Augen, aber irgendwie hatte sich jeder ein klein wenig herausgeputzt. Und als die Inge dann den Prolog aufgesagt und die Geschenke verteilt hatte, sangen wir doch alle miteinander „Stille Nacht, heilige Nacht". Alle miteinander? Nicht ganz; denn einige konnten nicht mitsingen, weil sie weinen mußten.

Viele haben mir an diesem Abend unter Tränen gesagt, daß die Inge und ich das Weihnachten gerettet hätten, und Doktor Köhlers Frau fiel mir sogar um den Hals und hat die Inge lang gestreichelt. Vom Erfolg ermuntert, plante ich sofort für Silvester, trieb sogar im Dorf ein „Schrammelorchester Maria Helminger" auf und erfand das Programm für den „Tbc-Sender Alzing". Das handgeschriebene Programm besitze ich noch. „Gestaltung und

Sendeleitung Werner Widmann" steht da geschrieben. Erst 17 Jahre später habe ich wirklich „Rundfunk machen" dürfen. Für den Rosenmontag ging ich dann gleich in die vollen, malte Kulissen für eine Art Revue, in der damalige Ohrwürmer gesungen wurden. Da war aber mein „Purzelchen" schon nicht mehr dabei. Weil sie in unserem Eisenbahner-Sanatorium aus bürokratischen Gründen nicht mehr zu halten war, wurde sie kurz nach dem Dreikönigstag nach Schonstett bei Amerang verlegt. Das war eine Lungenheilstätte für Frauen.

Inges Zug fuhr um sechs Uhr zehn am Bahnhof Bergen ab. Die Nacht vorher wurde die erste „durchgemachte" meines Lebens. Ich wollte Inge ja zum Bahnhof bringen, hatte aber keinen Wecker. Damit ich nicht verschliefe, blieb ich einfach auf, setzte mich in den warmen und beleuchteten Waschraum unseres Nebengebäudes und schrieb der Inge gleich einen mehrseitigen Brief an die neue Adresse, damit sie nicht so lang auf Post warten mußte. Es war alles ganz schön traurig. Wie hat sich das „Purzelchen" gefreut, als sie um fünf Uhr früh aus der Tür des Haupthauses kam, und ich stand da! Den Koffer hatten wir schon am Tag vorher mit dem Hörnerschlitten zum Bahnhof gebracht. Hand in Hand und Arm in Arm gingen wir die knappe Stunde zum Bahnhof Bergen hinüber. Schnee lag, dunkel war es. Aber dafür hat man den ganzen Himmel voller Sterne gesehen. Weil einer davon herunterfiel (natürlich kein ganzer, nur eine Schnuppe), habe ich mir gewünscht, daß die Inge gesund und glücklich werden soll. Das dumme Stück Stern muß mich nicht gehört haben. Dann waren wir am Bahnhof. Noch heute habe ich das Bild vor mir, wie der Zeiger der Bahnsteiguhr auf sechs Uhr zehn rückt und von Traunstein her der Zug einfährt. Diese Bahnsteige, diese Züge! Aber sie können ja nichts dafür. Das muß man schon bedenken.

Zweimal habe ich die Inge in Schonstett besucht. Sie war dort nicht glücklich. Es gab Eifersüchteleien unter den Frauen, und außerdem war sie die jüngste Patientin, die schönste und die einzige Nichtbayerin. Als mich Ende März Doktor Köhler wegen zu großer Gesundheit nicht mehr in Alzing halten konnte, kam ich nochmals in Schonstett vorbei. Inge war abgemagert und traurig, weinte auch ein wenig an meiner Schulter. Und niedergeschlagen fuhr ich nach einem halben Jahr „Mottenburg" heim nach Regensburg, suchte mir Arbeit und schrieb fast täglich einen Brief an Inge. So um Sommeranfang herum wurde die Inge noch einmal verlegt, diesmal in ein kleines Kreis- oder Gemeindekrankenhaus in Fridolfing bei Laufen. Dort wollte ich sie an ihrem 18. Geburtstag, das war der 24. Juli 1946, besuchen. Zu diesem Zweck sparte ich von meiner Krankenzulage (alles war ja mit Lebensmittelkarten rationiert) Eier und Butter, damit mir meine Mutter einen großen, kräftigenden Kuchen für mein „Purzelchen" backen konnte. Sorgen machte mir, daß Inges letzter Brief von einer Zimmergenossin geschrieben war. Sie dürfe im Augenblick nicht aufstehen, ließ mir Inge mitteilen. Der Tag kam. Von Regensburg fuhr ich mit der Bahn über Landshut und Mühldorf in Richtung Freilassing. Vom Bahnhof Fridolfing, der in Götzing steht, waren es noch gut zwei Kilometer Fußmarsch. Mit bangem Herzen, aber mit dem festen Willen, kein Erschrecken zu zeigen und mir nichts anmerken zu lassen, betrat ich das Krankenzimmer. Drei Betten. Aus zweien sahen mich fremde junge Frauen an, also mußte im dritten Bett Inge liegen. Ach, was war von ihr noch übrig! Nur ihre Augen leuchteten, als sie mich sah. Ich tat aber so, als wäre alles in bester Ordnung, redete mit ihr ziemlich fröhlich, legte ein Geschenk und meinen Kuchen hin. Mit schwacher Stimme erklärte mir das „Purzelchen", daß sie diesen Kuchen nicht mehr essen könne, weil sie ja kaum noch Flüssiges behalten könne.

Zur Mittagsruhe mußte ich das kleine Krankenhaus für drei Stunden verlassen. Da hockte ich dann an einem Wiesenhang und fraß den ganzen Kuchen auf und dazu den ganzen kalten, in Stücke geschnittenen Reiberdatschi, den meine Mutter mir für mich selbst mitgegeben hatte. Während dieser Freßorgie kamen mir immer wieder Tränen. Ich fraß aus Traurigkeit. Als ich zum Krankenhaus zurückging, schenkte mir eine Frau über den Gartenzaun hinweg auf meine Bitte einen Strauß mit Sommerblumen für meine Inge. Am Abend kam ich mit dem Zug noch bis Freilassing, fand dort in einer Baracke ein Notquartier unter lauter aus der Gefangenschaft heimkehrenden Soldaten. An der Stirnwand des Raumes las ich: „Ich wollt, ich wär ein Elefant, wie würd ich jubeln laut. Es ging mir nicht ums Elfenbein, nur um die dicke Haut." Da war ein kleiner Trost in diesem banalen Soldatenspruch.

Ich blieb noch ein paar Tage im Chiemgau, besuchte den Buhrke Heinz, der mit ein paar jungen Freunden nach der Zeit in der „Mottenburg" auf einem Bauernhof bei Siegsdorf Quartier gefunden hatte. Der Heinz lebt heute noch in Siegsdorf, ist beim Trachtenverein und beherrscht perfekt die Sprache der Chiemgauer. Er hat wieder eine Heimat gefunden. Meine Inge aber, das „Purzelchen", ist drei Wochen nach meinem Besuch in Fridolfing gestorben. Ich erfuhr es leider erst durch meinen letzten Brief an sie, der mit dem Postvermerk „Empfänger verstorben" in meinem Regensburger Briefkasten landete. Das war kein guter Augenblick für mich. Man hat ja immer noch Hoffnung, besonders, wenn man jung ist.

Kurz darauf fuhr ich wieder gen Fridolfing, fand das frische Grab. Auf einem notdürftigen Lattenkreuz war mit Bleistift geschrieben: „Koch Ingeborg, Berlin". Das konnte so nicht bleiben. Wieder daheim, machte ich zusammen mit einem befreundeten Schreiner in dessen Werkstatt ein großes, schweres Kreuz aus gutem Holz, so wie man es im Alpenland gern hat, mit einem Dachl obendrauf. Möglichst witterungssicher brachte ich ein Foto vom „Purzelchen" an und schrieb ihren Namen, ihre Daten und ihren Konfirmationsspruch darunter: „Sei getreu bis an den Tod, so will ich dir die Krone des Lebens geben." Dann trat ich mit dem Kreuz, das mit dem, was davon im Erdreich stecken sollte, weit über zwei Meter hoch war, die Reise nach Fridolfing an. Die Menschen im Zug werden mich wohl für einen mit schwerer Schuld beladenen Wallfahrer gehalten haben, der sich auf Altötting versprochen hat. Vom Bahnhof ins Dorf, auf der Landstraße, bin ich mir dann selbst schon wie ein bußfertiger Fußwallfahrer vorgekommen. Im Pfarrhaus habe ich dann erst einmal die noch offenen Grabgebühren bezahlt und den Pfarrer um ein Werkzeug zum Aufstellen des Kreuzes gebeten.

Was jetzt kommt, kann man eigentlich nicht erzählen. Meine ganze Geschichte vom „Purzelchen" klingt ja so sehr schon nach Kitschroman und Tränendrüse, daß ich ein halbes Jahrhundert vergehen ließ, ehe ich sie aufgeschrieben habe. Also nehme man mir auch die letzte Rührseligkeit nicht übel. Es ist halt so passiert, und das Leben ist – nach meiner Erfahrung – viel kitschiger als Literaturkritiker es erfundenen Geschichten erlauben wollen. Als ich also da so gegraben habe, dringt aus der Pfarrkirche, die mitten im Friedhof steht, schwellende Orgelmusik: Richard Wagners Hochzeitsmarsch. Bald kam auch der Hochzeitszug aus dem Portal. So ist das Leben. Ob ich das damals auch so gedacht habe, weiß ich nicht mehr.

Ich kam noch öfter ans Grab, dann lange Jahre nicht mehr. So um 1980 herum, es war November, drehte ich einen Fernsehfilm über die Gegend des Waginger Sees, wozu auch Aufnahmen in der Fridolfinger Kirche gehörten. Mein Holzkreuz gab es freilich nicht mehr, aber mit dem gerade amtierenden Pfarrer und seinem Bestattungsbuch machte ich Inges Grab trotzdem ausfindig. Auf einem neuen Stein standen die Namen eines Ehepaars. „Sie werden schon nett zu ihr sein", habe ich zum Pfarrer gesagt. Das ist mir einfach so herausgerutscht. Der Pfarrer war erst ein wenig erstaunt, lächelte aber dann und meinte: „Sie sind aber ein eigenartiger Mensch." Wir haben dann für unseren Film seine große Pfarrkirche ausgeleuchtet. Ob er denn keine Fotos machen wolle, fragte ich ihn. Er sei da völlig untalentiert, erklärte er mir. Da habe ich mit meiner Ausrüstung zwei ganze Dia-Filme in der Kirche belichtet. Kurz vor Weihnachten habe ich ihm die Dias geschickt. Er hat mich angerufen und nach den Kosten gefragt. „Die schenke ich Ihnen", sagte ich. Er meinte, das könne er doch gar nicht annehmen. „Wenn Sie mir eine Freude machen wollen, ein Geschenk, dann sagen Sie halt in einem Gebet der Christmette den Namen von Inge Koch!" Das hat er mir versprochen und es mir nach Weihnachten am Telefon bestätigt. „Ja, was haben denn Ihre Pfarrkinder gesagt?" Seine Antwort: „Ich hab es ihnen schon erklären können. Und dann hat einer zu mir gesagt: ‚Sie sind aber ein eigenartiger Mensch.' Sehen Sie, jetzt haben wir was gemeinsam." Ich aber war zufrieden, daß der Name meines „Purzelchens" Jahrzehnte nach seinem Tod in Fridolfing vor allen Leuten feierlich in der Kirche ausgerufen wurde. Ehre, wem Ehre gebührt!

Schirmmütze und grüner Schaber

oder das Priesterliche am Hausl-Beruf

Jemand, der gar nicht so dumm war – sein Name fällt mir nur leider nicht mehr ein – hat einmal bei der Eröffnungsfeier einer öffentlichen Bibliothek gesagt, daß der Mensch in seinen jungen Jahren ein literarischer Allesfresser sei. Vom Comic-Strip bis zu James Joyce und Heinrich Böll verkonsumiere er alles. Mit zunehmendem Alter verenge sich die Auswahl des Lesestoffs immer mehr, bis letzten Endes nur noch ein einziges Buch übrigbleibe. In den meisten Fällen sei das die Bibel.

Mit den Berufswünschen scheint es mir ganz ähnlich zu sein. Zuerst fühlt sich der Mensch zu allem berufen, vom Lokomotivführer bis zum Astronauten. Später spitzt sich das zu, wird enger. Gleich den Bücherstapeln haben Berufswünsche offenbar auch ihre Alterspyramide. Und wenn Bücherwürmer in ihren späten Jahren einen bevorzugten Hang zur Bibel haben, so neige ich persönlich – was nun den letzten Berufswunsch betrifft – auch zu einer religiösen Variante: Ich möchte in den seelsorgerischen Dienst. Nein, beileibe nicht als spätberufener Priester mit Soutane und Birett, mit Zingulum oder gar Mönchshabit. Ich sehe mich vielmehr eine schwarze Hose tragen und ein weißes oder gestreiftes Hemd. Um die niemals erkennbar gewesene Taille habe ich dann einen grünen Schaber (das ist so eine etwas filzige Schürze) vermittels eines Kettchens gebunden. Die Glatze wird von einer Schirmmütze bedeckt, welche so groß und ausladend sein muß, daß das Mützenband meine Herkunft als Hausl ausweisen kann: „Hotel Post", „Weißer Hase" oder „Jägerhof". Am liebsten möchte ich ja „Schwarzer Ochse" darauf stehen haben. Entscheidend wäre der Name auf meiner Mütze nicht, nur müßten die Buchstaben golden sein – oder wenigstens so tun. Schließlich möchte ich ja einem Unternehmen mit guter Reputation angehören, auf daß es mir gut gehe in meinem letzten Beruf.

In diesem Zusammenhang muß ich sogar eine Schuld eingestehen: Ich habe vor vielen Jahren, im besten Mannesalter, dem Postwirt von Ruhpolding, dem Rechl Rudi, an einem bierfeuchten Abend fest zugesagt, daß ich im Rentenalter bei ihm – dem Herrn eines sehr renommierten Hauses – den Hausl machen werde, nur gegen Kost und Logis, weil ich mir genügend Trinkgeld dabei verdienen würde. Einzige Bedingung von meiner Seite war, daß das „Hotel Post" auf meiner Dienstmütze wenigstens aus echt vergoldeten Buchstaben bestehen müßte. Das hat mir der Rechl Rudi auch fest zugesagt. Zweimal hat er nun schon durch Gäste sagen lassen, daß es jetzt Zeit wäre, mein Versprechen einzuhalten. Es wird mir nichts anderes übrigbleiben, als einmal wieder nach Ruhpolding zu fahren, um mich dem Postwirt zu stellen. Vielleicht gibt er sich mit meinen Hausl-Diensten auf Zeit, auf so ein paar Tage oder eine Woche, zufrieden. Ehrlich gesagt, der Rudi hat mir nämlich bei meinen früheren Aufenthalten in seinem Haus des öfteren das Bier bezahlt. „Das Bier is frei. Der wird bei mir amol Hausl!" hat er da immer der Bedienung gesagt. Also stehe ich in seiner Schuld.

Was nun die werte Leserschaft betrifft, so wird sich diese fragen, was ein Mann in dem von mir geschilderten Habitus schon mit der Seelsorgerei zu tun haben könnte, nachdem jedermann mit Recht jegliche Verbindung des Hauslberufs mit dem Beruf eines Priesters innerlich und äußerlich ablehnen wird. Wirklich mit Recht? Freilich, der in der bayerischen Literatur als besonders hochwertig anerkannte Ludwig Thoma – und kein Geringerer – hat in seiner berühmten „Heiligen Nacht" den Hausln aller Gegenden und aller Zeiten sauber die Leviten gelesen, weil diese damals der Maria und dem Josef den Zutritt zu ihren bethlehemitischen Gasthöfen mit bösen Worten verwehrt haben. „De Hausknecht, ma kennt's ja recht guat! De hamm an da Grobheit a Freud', bal's arbet'n, kemman's in d'Wuat." So fällt der Thoma über den wehrlosen Stand der Hausln her. Dabei weiß ein jeder Mensch, daß er selber einer von den Groben gewesen ist, wenn auch einer von denen, die hinter der Grobheit die Gutheit verstecken und das Feine, Zarte. Warum läßt er es dann mit den Hausln nicht auch so sein?

Nachdem der Rechtsanwalt und große bayerische Dichter Ludwig Thoma den Hausln keine Gerechtigkeit widerfahren ließ, muß es eben ein anderer tun, muß das Feine, Zarte, Seelische, ja, das Priesterliche am Hauslberuf unter Beweis stellen. Das fällt nicht schwer, vorausgesetzt, man stellt sich jetzt nicht so einen lackierten Hausdiener eines Fünf-Sterne-Hotels vor, der vornehmer tut als seine Kundschaft, sondern einen richtigen Hausl in einem humanen, naturgewachsenen Beherbergungsbetrieb. Ich gebe allerdings zu, daß der Urtyp des bayerischen Hausl schon ausgestorben ist. So bediene ich mich im Folgenden zum Beweis meiner Hausl-Theorie eines Exemplars, das man höchstens noch um 1970 herum hätte vorfinden können.

Der Beweis beginnt beim Schuhputzen, einer Tätigkeit, der sich meine Hausln nie und nimmer entzogen hätten. Heute wendet sich der Gast (der sich seine Schuhe auch gar nicht mehr vor die Zimmertüre stellen traut) an eine Maschine. Aber hat nicht unser Herr Jesus, der ja nun beileibe kein Hausl war, seinen Jüngern die Füße gewaschen, wie es zu jener Zeit üblich gewesen ist? Der staubbedeckt einkehrende Reisende hat eben damals solche Wohltat erfahren. Daß es heute keine barfüßigen Gäste mehr gibt, liegt nicht in der Schuld der Hausln, sondern hängt mit der dünner und empfindsamer gewordenen Fersenhaut des reisenden Publikums zusammen. Also wäscht mein Hausl keine Füße, putzt aber dafür die ledernen Etuis derselben. In aller Demut, möglicherweise auch in Erwartung eines Trinkgeldes. Das sei schnöde? Nun, der Mann mit der Schirmmütze und dem grünen Schaber ist auch nur ein Mensch und kein Übermensch. Das Evangelium des Johannes hat er vielleicht nie zu lesen bekommen, auch die betreffende Stelle (Kap. 13,4–11) nicht. Kann er etwas dafür?

Während sich das Schuhputzen tunlichst in der Nacht vollziehen sollte, spätestens aber beim Morgengrauen, ist die große

Stunde meines Hausls die Zeit nach dem Frühstück der werten Gäste. Halten wir uns doch einmal die Situation vor Augen, exerzieren wir ein Exempel durch. Da ist meinetwegen seit drei Tagen der Suppenpulververtreter Markus Hechlkopf (der Name ist natürlich völlig frei erfunden) im „Schwarzen Ochsen" oder „Weißen Hasen" in Logis. Leider vertritt er nicht die gerade führende Marke, sondern diejenige mit dem drittgrößten Marktanteil. Das hört sich zwar immer noch gut an, bedeutet aber leider nur 3,2 Prozent und soll infolgedessen radikal erhöht werden, unter anderem durch die reisende Tätigkeit unseres Markus Hechlkopf. Dieser hat also, wie man unschwer erkennen kann, Aufgabe und Verantwortung durchaus. So könnte er sich als betriebsamer Mensch glücklich schätzen.

Da ist aber nun gestern dieses Telefonat gewesen mit dem Marketing-Direktor der durch Markus Hechlkopf vertretenen Suppenpulverfabrik. Der Ruf ans Telefon im „Schwarzen Ochsen" oder „Weißen Hasen" hat freilich zunächst die Stimmung und die ganze Persönlichkeit des Herrn Hechlkopf sehr gehoben, weil es immer sehr positiv ist, in aller Öffentlichkeit am Telefon verlangt zu werden, während die restliche Menschheit im Lokal im dumpfen Nichtverlangtsein verharren muß. Der Inhalt des Telefonats war freilich weit weniger persönlichkeitsaufbauend, eher niederschmetternd. „Hechlkopf, bei Ihnen geht nichts vorwärts. Sie müssen sich hineinknien, so wie die anderen das auch machen! Soll denn unser gutes Geld, das wir in Ihr Training gesteckt haben, bei Ihnen völlig falsch investiert sein? Lieber Herr Hechlkopf, unsere Firma investiert ungern in die falsche Richtung! Also, vorwärts und Ergebnisse, lieber Kollege! Schließlich haben wir Ihnen ja einen erstklassigen Markenartikel anvertraut!"

Diese Worte des Marketing-Direktors haben Markus Hechlkopf in der vergangenen Nacht viel Geld gekostet, sehr viel Geld. Teuer waren die zwei Flaschen Hausmarke, die er zusammen mit der Doris von der „Allotria-Bar" in eben diesem Vergnügungsestablissement getrunken hat. Das Selbstbewußtsein des Markus Hechlkopf, am Telefon so verlorengegangen und zertreten, mußte an der Theke wieder zurückgewonnen werden. Mit Hilfe der strahlenden und vielversprechenden Doris-Augen und der karminrot glänzenden, nicht weniger vielversprechenden Doris-Lippen gelang dies auch zunächst. Dann aber rückte die Polizeistunde heran und die vielversprechende Doris in französischer Manier durch die Hintertüre ab, wo sie als liebe, aber sehr müde Kathi ihrem Gatten ins Auto sank, in welchem er die von Markus Hechlkopf mit Sekt gefütterte Doris-Kathi heimfuhr.

Markus Hechlkopfs Selbstbewußtsein war nun mehr vernichtet als zuvor. Es kehrte auch während der kurzen Schlafstunden nicht zurück und auch nicht beim Frühstück, das im weltmännisch geführten „Schwarzen Ochsen" oder „Weißen Hasen" (und auch diese Namen sind völlig frei erfunden und haben nichts mit existierenden Schwarzen Ochsen oder Weißen Hasen zu tun) zu meines Hausls Zeiten noch als „Continental Breakfast" an die Tische gebracht wurde. Auch die abschließend servierte Hotelrechnung konnte die Hechlkopfsche Seele nicht beflügeln.

Nun also tritt der Hechlkopf hinaus. Es ist acht Uhr zehn, und die Welt vor der Hoteldrehtüre ist schon längst nicht mehr in Ordnung. Sie ist böse, feindlich, abweisend, laut, stinkend und viel zu geschäftig. Das einzig Fröhliche in dieser Alltagsmorgenwelt, die Schuljugend, hat sich schon in jene Gehäuse zurückgezogen, die dafür auch nicht so recht tauglich sind: die Schulen. Gegen diese Welt vor der Hoteltür war ja das Frühstückszimmer noch das reine Paradies, aus dem Markus Hechlkopf sich nun selbst vertreiben muß. Jetzt, am Ausgang des Gartens Eden, hat der Hechlkopf priesterliche Hilfe nötig. Wo soll sie aber herkommen? Der Stadtpfarrer ist schon um halb acht nach der Frühmesse in die Bischofsstadt abgereist, sein Kaplan gibt in der Grundschule gerade Religionsunterricht und nimmt womöglich die Sache mit dem Paradies durch. Also bleibt für den armen Markus Hechlkopf im Augenblick als Seelsorger nur der Mann mit der Schirmmütze und dem grünen Schaber. Der nimmt zunächst die irdisch greifbare Last auf sich und schleppt Hechlkopfs zwei Koffer zu dessen Automobil.

Jetzt ist ein Wort nötig, eines, das alle Gemeinheit der Kathi-Doris und des Marketing-Direktors sowie die aus Hechlkopfscher Sicht völlig falschen Konsumgewohnheiten der Suppenpulver-Endverbraucher dieser Welt wieder gutmacht. Wer muß das Wort finden? Wer denn? Der Hausl, mein Hausl! Es ist ja auch niemand anderer da in diesem entscheidenden Augenblick. Aber was soll er nun sagen, wie soll er trösten, wieder aufbauen, mein Hausl? Er hat mehrere Möglichkeiten, von denen hier drei dargestellt werden sollen. „Herr Hechlkopf, eine ganz fesche Krawattn ham S' heut wieder an. Da sicht ma halt, wer an wirklichen Gschmack hat." Das wäre schon nicht schlecht, aber keineswegs optimal. Besser: „Also, ein Klassewagen, Ihr Auto, Herr Hechlkopf! So was kann sich nicht jeder leisten. Und der Kofferraum!" Optimal und von höchster psychologischer Feinheit aber ist ein herrlich sanftes Tadeln: „Wann ich mir die Freiheit erlauben darf, Herr Hechlkopf. Ein bisserl müd um die Aug'n schaut er heut schon aus, unser Herr Hechlkopf. Ja, ja, man weiß ja, wie so fesche Herrn ihre Nächt verbringa. Holde Jugendzeit, ach, wie liegst du weit. Bei mir, wissen S', Herr Hechlkopf. Aber nix für unguat, gell? A alter Depp wia ich kann ja a amol zu an junga Herrn was sag'n in der Art, schon, ha?" Gut ist das, wirklich gut. Dumm und einfallslos, dazu auch eher deprimierend wäre: „Viel Erfolg heut, Herr Hechlkopf, und ein gutes Geschäft!" Mein Gott, wäre das einfältig und dumm und kontraproduktiv! Dann wäre ja der arme Markus Hechlkopf gleich wieder mitten in seiner Suppenpulver-Misere. So aber hat er sein Selbstbewußtsein wieder. Wenn er jetzt noch ein viel zu großes Trinkgeld gibt, wird dieses Selbstbewußtsein immer größer, ganz nach eigenem Bemessen.

Mein Hausl (den es ja wie gesagt nicht mehr gibt) kehrt nun zurück in seinen „Schwarzen Ochsen" oder „Weißen Hasen". Er kann an der Theke gleich ein Viertel Roten einschenken lassen (zum Personalpreis), damit er für den nächsten Fall Hechlkopf dieses Werktagmorgens wieder einen guten Einfall hat. Dies ist notwendig; denn an ihm, dem Mann mit Schirmmütze und grünem Schaber, liegt es also, daß all diese Leute künftig größere Marktanteile erobern. Auch ist kein Ausbildungsgeld mehr sinnlos vertan, und die Hechlköpfe dieser Welt müssen auch nicht mehr auf die falschen Lockungen einer schoflen Kathi-Doris hereinfallen. Weil sie eben nun wahrhaft erfolgreich im Leben stehen. Und dies stärkt nicht nur die Wirtschaft, treibt nicht nur das Bruttosozialprodukt in die Höhe, sondern verbessert auch die örtliche Moral, in Hechlkopfs „Allotria" beispielsweise.

Sehen Sie, geneigte Leserschaft, das ist nun das Priesterliche an einem Hausl, an den Hausln einstiger Bauart. Das ist Seelsorge unter der Schirmmütze. Nächstenliebe, die sich mit grünem Schaber gürtet. Es ist doch wirklich längst Zeit geworden, diesen (einstigen) Berufstand zu rühmen, der so vielen, die ihn in Anspruch nahmen, möglicherweise höchst unrühmlich erschien. Es hätte doch irgendwann einmal auffallen müssen, daß diese Hausln eigentlich Berühmtheiten sind. Bei sehr berühmten (oder wenigstens bekannten) Menschen sagt man doch zum Beispiel „der Lenin" oder „der Stalin" oder, um einen Positiveren zu nennen, „der Mozart". Bei noch Berühmteren (oder Beliebteren?) sagt man sogar nur den Vornamen: „der Franz Josef" oder gar nur „Willy". Und wie ist das bei den Hausln, bei meinen Hausln seligen Angedenkens gewesen? Die nannte man auch nur Schorsch, Franzl, Toni oder Wastl. Das entspricht genau dem allerhöchsten Bekanntheitsgrad, jenem, der zudem noch auf Beliebtheit schließen läßt. Und da sollte es nicht mein Bestreben sein, mein Leben als Hausl zu beschließen? Rechl Rudi zu Ruhpolding, wir müssen noch einmal ernsthaft miteinander reden!

Die Dame Hofbesitzersgattin

oder ein Denkmal für den „Unbekannten Lokalredakteur"

Ein Chefredakteur, das ist wer! Er wird oft eingeladen, nur von bedeutenden Leuten und nur zu bedeutenden Ereignissen, meist zu Ereignissen, mit denen ein Umtrunk mit oder ohne Kaltes Büfett verbunden ist. Wenn ein Chefredakteur schreibt, dann für die erste Seite oder für eine andere Seite, die der Leser sofort als ebenfalls bedeutend und herausragend erkennen kann. Bedeutsames gehört eben als solches entsprechend hervorgehoben. Und ein Chefredakteur schreibt nur Bedeutsames. Wer jetzt diese verleumderische Geschichte anbringen will, die da von so einem Zeitungs-Matador berichtet, dem beim Schreiben seines letzten Leitartikels der Blitz die Schere aus der Hand geschlagen habe, der gehört eben zu jenen geistigen Winzlingen, die es niemals bis zum Chefredakteur bringen können.

Einen Chefredakteur zu rühmen, das kann nicht Sache dieser Geschichte sein. Er ist ja berühmt, das steht für ihn einwandfrei fest. Aber so ein Lokalredakteur, vielleicht noch einer in einer Kleinstadt, auf dem sogenannten „flachen Lande", in der Provinz, die man neuerdings „Region" nennt? Das ist schon ein Held, ein kleiner, auf ewig unberühmter Held, ein tapferer Mann, der selbstverständlich auch eine tapfere Frau sein kann. Jeden Tag kämpfen er oder sie zwischen zwei Fronten herum: der Zentralredaktion, die zuwenig Platz zur Verfügung stellt, und dem Nachrichtenaufkommen der kleinen Stadt. Die nimmt ihnen meistens alles übel: daß er oder sie über eine bestimmte

Sache geschrieben haben, nicht geschrieben haben, zuwenig geschrieben haben, zuviel geschrieben haben.

Da habe ich doch so einen Lokalredakteur gekannt, der eilte trotz aller Verdrießlichkeiten jeden Abend in jenes Wirtshaus, in dem sich im ewig festgelegten Turnus jeweils die Gesellschaft an Stammtischen versammelt, zum „Gesellschaftstag", wie man das dann nennt. Er hörte dort über die Tische hinweg Neues, wurde nicht selten von den fröhlichen Zechern auf den Arm genommen oder gar beschimpft. Und wenn es ganz dumm ging, dann setzte sich vielleicht einer zu ihm und sagte: „Dein Chefredakteur, das ist ein großartiger Mann! Sein heutiger Leitartikel, einfach gekonnt! Der hat vielleicht eine Weltschau, eine Übersicht, einen politischen Klarblick. Respekt!" Diesen Worten konnte mein armer Lokalredakteur natürlich auch entnehmen, daß ihm die Großartigkeit seines Chefredakteurs vollkommen abgehe.

Man sieht, es muß also etwas getan werden für den Ruhm so eines unberühmten Wesens. Ein kleines Denkmal hat es sich gewiß verdient. Also enthüllen wir es. Nennen wir ihn den „Unbekannten Lokalredakteur", wie man ja auch dem „Unbekannten Soldaten" in aller Welt ein Denkmal gesetzt hat? Vielleicht geben wir ihm aber doch besser einen Namen, dann kann man sich etwas unter ihm vorstellen. Ich habe ihn ja sowieso gut gekannt, den Walter Wintersperger zu L., einer lieben, kleinen Stadt im niederbayerischen Bauernland. Also kann man sie mir auch glauben, die Geschichte, die ihm passiert ist. Sie beginnt an einem Montagmorgen, als dieser Redakteur Walter Wintersperger gerade beim keineswegs schon ernsthaften Durchblättern der ersten Post war und eigentlich schon mehr an die nahe Freudenstunde des Frühschoppens dachte. Da läutete schrill das Telefon. Wintersperger, der eine unüberwindbare Abscheu vor Telefonen hatte und schon von daher für seinen selbstgewählten Beruf ungeeignet war, empfand das böse Geläut an diesem Morgen als besonders bösartig, hob aber trotzdem ab und meldete sich, ganz wie es sich gehörte: „Hier Lokalredaktion, Wintersperger, Grüß Gott!"

Die Stimme aus dem Telefonnetz war eine weibliche, sehr energische und absolut einheimische: „San Sie derjenige, welcher jeden Samstag d'Leit ausricht, ha? Dann merkst dir jetzt des sell, du Zeitungsschreiber, du windiger, daß mir zwoa uns am Gricht treffa: Von oan wia dir laß ich mich no lang koa Dame ned schimpfa. Für di und deinesgleichen bin i allaweil no a Hofbesitzersgattin. – Wer i bin? Des wirst no früah gnua innewerd'n."

Eingehängt. Kurze Ratlosigkeit bei Walter Wintersperger, dann klares Erkennen: Die Anruferin mußte jene Frau sein, die er in seiner regelmäßigen Wochenend-Kolumne erwähnt hatte, jene Bäuerin, der man auf einem Nachbarschaftsbesuch von ihr erbetene Äpfel in die Tasche gepackt hatte. Diese Äpfel stellten sich dann beim Auspacken daheim als sorgfältig einzeln verpackte Roßäpfel heraus. Ein kleiner Spaß auf dem Land, ein kleines, lustiges Mißgeschick, wie man ihm ähnliche von anderen Leuten für seine Wochenend-Spalte hinterbrachte, in der er die kleinen, lieben Schwächen der Landkreisbewohner aufzeigte. Diese Kolumne war damit natürlich gut gelesen, weil sie eines der schönsten Gefühle der Welt vermittelte, die Schadenfreude.

„Und als die Dame daheim ihre Tasche auspackte, da mußte sie feststellen, daß man ihr drüben beim Nachbarn statt richtiger Äpfel ausgewachsene Roßäpfel eingepackt hatte." So hatte er in der letzten Wochenendausgabe geschrieben, und das sollte jetzt juristische Folgen haben. Walter Wintersperger, Großstädter, der sich in einem einzigen Jahr wunderbar in das Leben der ländlichen Kleinstadt eingewöhnt hatte, war sich der Schuld rasch bewußt. Er hatte gegen das ungeschriebene Gesetz der bäuerlichen Hierarchie jenes bayerischen Landstriches verstoßen, nach welcher ein Bauer unter 60 Tagwerk lediglich als „Landwirt" zu bezeichnen war. Zwischen 60 und 120 Tagwerk war er dann „Bauer", von 120 bis etwa 300 Tagwerk aber „Hofbesitzer", und darüber begannen die „Gutsbesitzer". Die Roßäpfelheimtragerin aber gehörte zu einem 180-Tagwerk-Anwesen, war also folglich „Hofbesitzersgattin". Wie ihm das nur passieren konnte, ihm, der ansonsten längst firm in aller ländlichen Titulatur geworden war! Aber geschrieben ist geschrieben und gedruckt ist gedruckt, und ein paar Wochen später war Termin beim Amtsgericht.

„Die Gschicht mit die Roßäpfel, die is mir wurscht, Herr Amtsrichter. Die is ja auch wahr. Aber für den Zeitungsschreiber da bin ich no allaweil a Hofbesitzersgattin und koa Dame ned! A solcherner Hammel, a solcherner. Des daherglaufene Großstadtbürscherl, des verdorbene, tat bei uns da herausd d'Welt durchanandabringa und ehrsame Leit als ‚Dame' einischreibn!" Und dann schimpfte die Hofbesitzersgattin noch ein paar Sätze lang mit dem dafür vorgesehenen Vokabular jenes bayerischen Landstriches, ließ ganze Menagerien Revue passieren und wurde am Ende vom Richter unterbrochen, der sie streng tadelte. Walter Wintersperger mit seiner vertragsgemäß lesernahen Seele lächelte ob all der „Rindviecher" und „luftgeselchten Baumaffen" aus dem Mund der Klägerin und meinte: „Herr Amtsrichter, ich bekenne mich schuldig. Ich habe mich getäuscht und daher falsch berichtet. Sie ist wirklich keine Dame."

Schallendes Gelächter im Gerichtssaal, in das nach einigem Stutzen auch die Hofbesitzersgattin einstimmte. Sie strahlte Walter Wintersperger an, nannte ihn einen „Sauhund" und lud ihn – nicht zur Kirchweih – sondern zur Brotzeit beim Numberger ein. Und den Herrn Amtsrichter gleich mit dazu.

Gallus Witzigmann

oder der Besondere vom Konstanzer Tal

Jeden Tag, um das Mittagläuten, kommt er in das Konstanzer Tal. Von Lindau her, wo er seinen letzten Halt gehabt hat, Kempten entgegen, wo er seinen nächsten Halt hat, der „EC 167", der von Zürich nach München unterwegs ist. Der Euro-City 167 hat auch einen Vor- und Zunamen: „Albert Einstein". Als ich vor Jahren für kürzere Zeit beruflich im Konstanzer Tal zu tun hatte, kam der Zug noch als „IC 163" durchs Tal und nannte sich „Bavaria". Damals wie heute hat es dieser Zug so eilig, daß er zwischen Lindau und Kempten niemanden ein- oder aussteigen läßt. Er hat nur gut vier Stunden Zeit, um von Zürich nach München zu kommen, davon verschwendet er auf das Konstanzer Tal nur ein paar Minuten.

Ob überhaupt irgendwer in diesem Zug bewußt aus einem der vielen Fenster auf das Konstanzer Tal hinausschaut? Ob die Dörflein und Weiler Knechtenhofen, Salmas, Thalkirchdorf, Wiedemannsdorf oder Konstanzer für irgendwen in diesem Zug mehr sind als vorbeihuschende Haussilhouetten? Der Alpsee, am Ende des Tales, ehe es in das Weichensystem des Immenstädter Bahnhofs hineingeht, interessiert sicher mehr. Wasser zieht an, und ein Gebirgssee mit Seglern und Surfern ist immer eine Aussicht, ein Anblick, der das Aufschauen von der Zeitung lohnt.

So könnte den Passagieren des „EC 167 Albert Einstein" auch der spitze Kirchturm dort drüben entgehen. Dabei gehört er zur ältesten und wichtigsten Siedlung im Konstanzer Tal, das sich zwischen Oberstaufen und dem Alpsee bei Immenstadt erstreckt. Thalkirchdorf heißt der Ort um den spitzen Kirchturm herum. Er war früher eine eigene Gemeinde, gehört heute zum Markt und Schrothkurort Oberstaufen. Einst hat dieses Thalkirchdorf nach seinem Kirchenpatron „Sankt Johann im Thal" geheißen. Das war eigentlich der viel schönere Name, viel mehr mitteilend, daß hier einmal die Leute im Tal getauft worden sind. Für die Menschen im „EC 167" ist das alles freilich nicht wichtig. Sie rechnen vielleicht gerade eine Kalkulation noch einmal durch, mit deren Hilfe sie in München die Konkurrenz aus dem Feld schlagen wollen, blättern in einer Illustrierten zwischen nackten politischen und anderen nackten Tatsachen hin und her, studieren die Mittagskarte im Speisewagen, dösen, schlafen, sehen vielleicht noch die zweite große Verkehrsader im Tal, die schnelle Deutsche Alpenstraße, und sind froh, nicht auf ihr fahren zu müssen.

Die Vorgängerin der Deutschen Alpenstraße, das schmale Sträßlein neben dem Bahndamm, sehen sie schon nicht mehr, wissen nichts von der Wohlhabenheit, die diese einstige Salzstraße einmal ins Tal gebracht hat, haben auch nie davon gehört, daß dieses heute so harmlose Sträßlein wiederum Nachfolgerin der „Via Decia" ist, einer Römerstraße. Einen Vorwurf darf man den „EC 167"-Passagieren nicht daraus machen. Was haben sie mit dem Tal zu schaffen? Sie haben ein Fernbillett gelöst, Erster Klasse mit Sonderzuschlag und Platzkarte.

Das Konstanzer Tal. Es fließt eine Ache, die man zur besseren Unterscheidung von vielen anderen Achen im Gebirge die Konstanzer Ache genannt hat. Dies wiederum, weil das Flüßchen an dem Ort Konstanzer vorbeifließt, einem Dörflein, das dem Tal den Namen gegeben hat. Hier wohnte der „Konstanzer", der reichste und wichtigste Mann der Gegend. Das war quasi nur sein Hausname, denn eigentlich hat er – der erste „Konstanzer" im Tal – „Johann Habißrütiner im Thal" geheißen. Er war am 26. März 1536 zu Sankt Stephan in der Bischofsstadt Konstanz getauft worden. Weil sein Vater, Ulrich Habißrütiner, ein Bürger der Stadt Konstanz, einen Hof bei Wiedemannsdorf im heutigen Konstanzer Tal gekauft hatte, ist er, Johann Habißrütiner, in diese Gegend gekommen. Er ist der erste gewesen, den die Leute, die Nachbarn, den „Costentzer" genannt haben, nach seiner Heimatstadt am Bodensee. Arm kann er nicht gewesen sein, dieser „Costentzer", sonst hätte er in seinem Haus im heutigen Dörflein Konstanzer nicht mehrmals seinen erlauchten Herrn, den Erzherzog Ferdinand von Tirol, „mit seinem ganzen comitat" Bewirtung und Herberge geben können. Zum „comitat" des habsburgischen Herrn gehörten neben Gefolge und Dienerschaft auch noch an die dreihundert Pferde! Und sollten seine schöne erste Gemahlin, die Augsburger Patrizierstochter Philippine Welser, und die sieben Kinder aus dieser Ehe auch dabeigewesen sein, so mag man beim „Konstanzer" noch viel mehr gastgeberischen Eifer entwickelt haben müssen.

Der „Costentzer" liegt in „Sankt Johann im Thal" begraben, im heutigen Thalkirchdorf. Am letzten Februartag des Jahres 1599 schied er aus dieser Welt, 63 Jahre alt. Sein angetrautes Weib, die Margaretha Balloffin aus der Freien Reichsstadt Isny, überlebte ihn um 13 Jahre. Auf dem Grabstein der Costentzer-Eheleute sieht man eine Darstellung der Kreuzabnahme Christi. Dieses Epitaph, einst sehr prächtig, war schon arg verwittert, ist aber restauriert worden. Das hat der Bauer Gallus Witzigmann besorgt, dessen Hof gleich neben der Kirche steht und der überhaupt so manches erledigt im Dorf und im Tal.

Jetzt rede ich aber so, als wäre Gallus Witzigmann noch am Leben. So sehr ich es ihm und seinem Thalkirchdorf vergönnen würde, es kann aber nicht sein. Als ich ihn in den siebziger Jahren kennenlernte, ist er schon sehr hoch in den Jahren gewesen. Die Landwirtschaft hatte er schon verpachtet, den Stall vermietet. In seinem schönen Anwesen ging er nur noch den Künsten nach; denn die Kunst ist immer seine Welt gewesen. Das war seinerzeit auch den Touristen im Westallgäu bekannt, die in Heimatbüchern und Gebietsführern auf die große Weihnachtskrippe aufmerksam gemacht wurden, die der Bauer Gallus Witzigmann geschnitzt und im ersten Stock seines Anwesens zum jederzeitigen Anschauen aufgestellt hatte. Von seinen Heiligen und von seinen Madonnen aber war in diesen Büchern nicht die Rede. Um sie schnitzen zu können, hat sich der Gallus, schon in reiferen Jahren, einmal für zwei Wochen zu einem Herrgottschnitzer nach Oberammergau fortgestohlen, in ruhigen Spätherbsttagen, als die Bauernarbeit im großen und ganzen vorbeigewesen ist. Er hat in Oberammergau vor allem erfahren wollen, wie man das Schnitzwerkzeug fach- und kunstgerecht scharf erhält.

Zwei Wochen „Lehre" und doch eine bescheidene Leidenschaft fürs Formen, die vielleicht vom großen Allgäuer Landsmann „ferngesteuert" wurde, von der Ausstrahlung des in der weiten Welt bekannten Bildhauers Fidelis Bentele, der vom Witzigmann Gallus nur einen breiten Bergrücken weit entfernt lebte und schaffte, der gleich dem Gallus ein Bauernbub gewesen ist, ein Bauernbub, der in seinem späteren Leben der Porträtist von Ricarda Huch, Albert Schweitzer, Pablo Casal, Jean Cocteau und Carl Orff geworden ist. Das hätte der Gallus Witzigmann freilich nicht gekonnt. Zwei Wochen Oberammergauer Werkstattgucken sind zuwenig dafür.

Madonnen konnte der Gallus Witzigmann schnitzen, und sie waren auch das, was er am liebsten machte. Sie sind alle sehr schön, die Madonnen des Gallus, so, als hätte einer seine ganze Sehnsucht und alle seine Ideale mit hineingeschnitzt. Er wurde nicht müde, immer neue Madonnen zu entwerfen und aus dem Rohen, dem Holz, herauszuholen. Da habe ich ihn in seiner schönen Bauernstube ganz allein sitzen sehen. Die alte Wanduhr tickte, und der große Ofen hätte eine ganze Familie wärmen können. Es war aber nur der Gallus da, den er zu wärmen hatte, der Schnitzer und Bauer, der Träumer, der einschichtige Mensch, von dem man nicht erfahren konnte, ob es ihn nicht gereut hat, daß er so allein war, daß in seiner Stube, in seinem geräumigen Allgäuer Bauernhaus keine Frau herumging, kein Kind je einen Enkel zur Tür hereingeschoben hat. Es war ja auch absolut seine Sache und ging uns nichts an.

So allein war er ja auch nicht, der Gallus. Er gehörte ja zum Dorf, zu Thalkirchdorf, zum ganzen Tal. Wenn die Oberstaufener alljährlich ihren seltsamen „Fasnatziestag" feierten, dann ging es auch herüben in Thalkirchdorf stilgerecht am Fasnachtsdienstag zu. Der Gallus Witzigmann hat seinen Dörflern die

Gesichtsmasken von einst wieder zurückgegeben, hat sie geschnitzt, wie sie für die alemannische Fasnacht sein müssen. Dämonische Masken meist, Masken mit Gesichtern aus örtlichen Spukgeschichten, lustige Fratzen auch. Er verkaufte sie nicht, er verlieh sie nur an die Leute im Dorf, damit sie an den letzten Fasnachtstagen nicht wie Großstadt-Karnevalisten herumlaufen mußten. Ich denke, sie werden sie schon noch haben, die Masken, die das wahre Gesicht verbergen, die den Menschen im Konstanzer Tal das Tänzelnde, das Ursprüngliche, das rechte Benehmen zur Fasnachtszeit zurückgewinnen ließen.

Zum guten Schluß noch nach Knechtenhofen, dem Dörflein neben dem „EC 167"-Gleis und an der einstigen Römer- und Salzstraße. Der Heimatverein Thalkirchdorf hat da ein bäuerliches Anwesen aus dem 17. Jahrhundert gekauft, restauriert und mit einer lokalgeschichtlichen Sammlung gefüllt, nicht zuletzt angeregt vom Kunsteifer und Geschichtsgefühl des Gallus Witzigmann. In der Georgskapelle von Knechtenhofen aber kann man eine der letzten Madonnen des schnitzenden Bauern sehen. Überm Altar steht sie, eine Schutzmantelmadonna. Sie breitet ihren Mantel aus, über die Freudigen, die von rechts zu ihr aufschauen, und über die Verzweifelten, die zu ihrer Linken flehentlich knien. Ein ebenso kunstsinniger wie frommer Bauer hat dem Konstanzer Tal, seiner Heimat, seinen Nachbarn nicht nur die Dämonen gemacht, sondern auch die Heiligen. Und die Mutter mit dem hilfreich ausgebreiteten großen Mantel. Jeder kann darunter seinen Platz finden, er muß nur kommen. Das hat der Gallus sicher so sagen wollen. Das zu wissen, wäre vielleicht auch für manchen gut, der an dieser Mutter des Konstanzer Tales in seinem „EC 167", der den Namen eines Mannes trägt, der sich mit der Unendlichkeit befaßt hat, vorbeisaust. Er da drinnen in seinem Zug (und mit einem Zug wird ja Einsteins Relativitätstheorie mitunter dem Laien erklärt) kann aber nichts von Witzigmanns hinterlassenem geschnitzten Trost wissen, weil er ein Fernbillett gelöst hat.

Minda, die Einäugige

oder eine Geschichte, echt zum Wiehern

Wie hat er mir von dieser Minda vorgeschwärmt, mein Freund Georg, der ein stiller und herzensguter Mensch ist, so still und herzensgut, daß ihn viele für einen Sonderling halten. Vielleicht ist er auch ein Sonderling, und vielleicht nimmt er dieses Wort auch wie einen Orden an seine Brust. Auf mancher beruflichen Reise ist der Georg neben mir in meinem Auto gesessen. Da war er dann gar nicht mehr so still, da hat er auch gern erzählt, Geschichten aus seinem Leben. Die schönste Geschichte aber, die er mir je erzählt hat, ist eben die Geschichte von Minda, der Einäugigen.

Ehe ich aber nun diese Sache mit der Minda weitererzähle, muß ich erst noch ein wenig bei meinem Freund Georg verweilen. Er kommt aus der Tschechei, aus Böhmen. Als kleines Kind hat er Jiri geheißen, zwischen 1939 und 1945 hat man ihn daheim vorsichtshalber Georg gerufen. 1945 ist aus ihm wieder der Jiri geworden. 1968 hat sich der Jiri-Georg nur sehr kurz am „Prager Frühling" freuen können und ist im politisch heißen Sommer gleichen Jahres von Böhmen nach Bayern übergewechselt. Nach ein paar Jahren hat er einen deutschen Paß bekommen, in diesem ist er nun – endgültig oder wieder nur auf Zeit? Wer weiß das? – als Georg ausgewiesen. Er hat dazu übrigens eine Prüfung ablegen müssen und diese auch in allen Teilen sehr gut bestanden. Worauf er stolz war. Aber das nur nebenbei.

Die Minda hat mein Freund Georg (ich sage übrigens immer Jiri zu ihm, weil das ja als „Jirschi" ausgesprochen wird und also fast wie „Schorschi" klingt und auch dasselbe meint) in seinem Heimatdorf kennengelernt. Dieses Dorf liegt in der Gegend von Melnik, an der Mündung der Moldau in die Elbe. Da kann sich der Jiri-Georg also etwas einbilden darauf, daß er an der Mündung des böhmischsten aller Gewässer aufgewachsen ist. In dieses Dorf zog im April 1945 nicht nur der Frühling ein, sondern auch ein kleiner Teil der siegreichen russischen Armee in Form einer Kompanie, angeführt von einem Offizier. Die russischen Soldaten dieses Frühlings 1945 waren als Befreier des tschechischen Volkes gedacht und wurden auch als solche in Georgs Heimatdorf begrüßt.

Freilich, Georg und seine Familie waren zunächst recht enttäuscht, weil die gerade einmarschierten Befreier Hunger hatten und daher das letzte Schwein aus Georgs Heimathof trieben. Georgs Mutter eilte sofort zum russischen Kompaniechef, und dieser wollte auch umgehend das Schwein retten, kam aber zu spät. Das Tier war schon geschlachtet und drehte sich bereits am Spieß. Wenn nun der geneigte Leser der damaligen russischen Armee (sie hieß ja eigentlich Sowjetarmee) einen Vorwurf aus diesem Schwein machen will, sollte er bedenken, daß alle Armeen der letzten zehn Jahrtausende anderer Leute Schweine geschlachtet und aufgefressen haben und daß gar mancher Bauer in den letzten zehn Jahrtausenden froh gewesen wäre, wenn man ihm nur die letzte Sau genommen hätte.

Georgs Eltern waren richtige Bauern, und also beherrschten sie die wichtigste Ausdrucksform der Bauern aller Länder dieser Erde: das Jammern. Sie konnten es so gut (und ein verlorenes Schwein war natürlich auch Jammers genug), daß der russische Offizier sich erstens ob der requirierten Sau sehr schämte und zweitens großes Mitleid mit Georg und seiner Familie bekam. Vielleicht aber ging es ihm sogar um noch Höheres: um das Prestige der Sowjetunion und der Roten Armee. Nachdem nun aber die Sau gerade unwiederbringlich den Weg allen Schweinefleisches ging, schenkte er Georgs Familie weit Wertvolleres: Minda. Auf Georgs Hof war man mit diesem Geschenk sehr zufrieden, zumal Minda – das sah man ihr gleich an – eine gute Arbeitskraft zu werden versprach.

Minda war mit den russischen Soldaten ins böhmische Land gekommen. Man sah es ihr an, daß sie den unendlichen Weiten der russischen Steppe entstammte. Sie war freilich etwas zerzaust, und ein grober Fehler war es schon, daß sie einäugig gewesen ist. Sie hatte in den Kriegshandlungen ein Auge eingebüßt. Darauf machte der Offizier auch gleich aufmerksam. Der geneigte Leser sollte nun wiederum keineswegs geneigt sein, der russischen Armee im allgemeinen und dem großzügigen Kompanieführer im besonderen den Vorwurf des Menschenhandels zu machen. Minda war zwar ein Mädchen, aber kein Mensch. Minda, die Einäugige, war ein russisches Steppenpferd. Das muß endlich einmal gesagt werden.

Nur ein bäuerlicher Leser kann jetzt so recht verstehen, was Minda für Georgs Eltern damals bedeutet hat. Keiner im ganzen Dorf hatte noch ein Pferd. Damit war Georgs Familie sozusagen zum „Ersten Hof am Platze" aufgerückt. Und wenn der Einäugige unter den Blinden König ist, so ist auch eine einäugige Minda eine vierbeinige Königin in einem pferdelosen Dorf an der Mündung der Moldau in die Elbe. Zu dieser vierbeinigen Königin aus den Steppen Rußlands wurde nun Hen Stempror geholt, der Sauschneider. Der war froh, endlich wieder einmal gebraucht zu werden, und es muß ihm eine große Ehre gewesen sein, einmal außerhalb seines engeren Handwerks seine zusätzlichen Künste an einem richtigen Pferd versuchen zu dürfen. Mindas fehlendes Auge sah böse aus, wenn ein fehlendes Auge überhaupt böse aussehen kann. Der gute Stempror leistete jedoch hervorragende Arbeit, und so konnte Mindas nicht mehr vorhandenes Auge bald aus geheilten Lidern in die bäuerliche Welt an Moldau und Elbe blicken.

Als die Kriegstage endgültig vorbei waren und damit die Ansprüche wieder wuchsen, überlegte man sich auf meines Freundes Hof, wie man Minda, die Einäugige, noch attraktiver gestalten könnte. Die Post ging schon wieder ihre geregelten Wege, und so schrieb man an Onkel Karel, einen Glasmacher im gar nicht so weit entfernten Gablonz, das in der Zwischenzeit „Jablonec nad Nisou" hieß. Weil in dem Brief an Onkel Karel nebenbei erwähnt wurde, daß nun auch wieder Schweinernes auf Georgs Heimathof vorhanden sei, kam Onkel Karel unverweilt, aß sich erst einmal tüchtig satt, ließ sich auch noch großzügig bemessene Stücke Fleisch einpacken und fertigte in stundenlanger Arbeit eine genaue Farb- und Größenskizze von Mindas gesundem Auge an.

Nach ein paar Wochen war ein Freudentag auf Georgs Hof. Die Post brachte ein kleines Päckchen. Darin befand sich, wertvoll in Holzwolle und Seidenpapier verpackt, Mindas künftiges zweites Auge. Es sah genau so aus wie Mindas gesundes Auge und war eben eine Gablonzer Meisterleistung. Nun ist ein Loblied auf den Doktor Pytel (Vorname leider unbekannt) zu singen, den für das Dorf an der Moldaumündung zuständigen Tierarzt. Er war Jude, hatte das Konzentrationslager überlebt und war wieder in seinen einstigen Wirkungskreis zurückgekehrt. Doktor Pytel kam, nahm das wunderschöne Glasauge und setzte es – der Teufel weiß wie – in Mindas leere Augenhöhle ein. Das gläserne Ding saß so natürlich hinter den gesundeten Lidern, daß niemand mehr Minda für einäugig gehalten hätte. Das war eine Freude und ein Stolz auf Georgs Hof! Nun konnte niemand mehr auch nur den geringsten Makel an Minda finden, und Minda selbst wird wahrscheinlich auch recht stolz auf ihre wiedergewonnene Komplettheit gewesen sein, ein Mädchen, das sie war.

Die vereinigten Künste des Sauschneiders Stempror, des Gablonzer Onkels Karel und des Veterinärs Doktor Pytel wären der Minda, die auf dem Hof treue Dienste tat, beinahe zum Verhängnis geworden. Schuld daran war wieder einmal die Politik. Im Sommer 1948 endete die dreijährige ziemlich demokratische Zeit der Tschechoslowakei, die Kommunisten übernahmen die alleinige Macht, schalteten auf Diktatur um. Weil aber eine Diktatur überall Feinde sieht und man in der Tat kriegerische Handlungen befürchtete, wurde die Mobilmachung ausgerufen. Alles und jedes wurde gemustert, auch die vorhandenen Pferde und also auch Minda. Georgs Vater führte Minda zur Veterinär-Musterungs-Kommission und kam traurig zurück, ohne Minda. Man hatte das gute Tier für tauglich befunden. „Ja, hast du denn den Herren nicht gesagt, daß Minda ein Glasauge hat?" fragte

Georgs Mutter ihren bestürzten Mann. Nein, das hatte er in der Aufregung der Amtshandlung schier vergessen. Umgehend schickte ihn die Frau zurück zur Musterungs-Kommission. Diese besah Minda zum zweiten Mal, schämte sich sehr, weil sie das Glasauge nicht selbst erkannt hatte und gab dem glücklichen Bauern das Pferd wieder mit heim. Von da an konnte Minda ein normales und ungetrübtes Bauernpferdeleben führen und erhielt am Ende auch ihr unbeschränktes Gnadenbrot. Und fast möchte man jetzt sagen: „Und wenn sie noch nicht gestorben ist, so lebt und grast sie heute noch." Weil die Geschichte von Minda, der Einäugigen, wie ein Märchen klingt.

Bettina, die Hexe

oder das Pianoforte auf der Rhönheide

Man stelle sich die Szene vor: Ein Omnibus mit Schulkindern oder mit Touristen fährt durch die fast menschenleere Landschaft der Hohen Rhön, biegt von der Hochrhönstraße ab und hält mitten in der Heidelandschaft vor einem völlig einsam stehenden, geduckten Häuschen. Man steigt aus. „Wir wollen die Rhönhexe sehen", heißt der Wunsch. Eine alte Frau, die das geduckte Haus bewohnt, kommt aus der Tür, hat keine Katze und keinen Raben auf der Schulter, geht an den Zaun, den Omnibusreisenden entgegen. Die Rhönhexe. Fotoapparate klicken.

Nein, die Hexe gehört nicht zu einem gestellten Happening des zuständigen Tourismusverbandes, es ist alles Realität, ungestellt, wahr. „Aber du schaust ja gar nicht aus wie eine echte Hexe", sagt ein Kind halb enttäuscht, halb beruhigt. Die Hexe ist nicht böse auf das kleine Menschlein. Sie lächelt und meint: „Ich bin ja auch keine Hexe. Die Leute nennen mich nur so, weil ich schon so lange in diesem Häuschen lebe und weil ich so alt bin und so viele Falten habe." Der Lehrer oder der Reiseleiter sammelt seine Leutchen wieder ein, der Bus fährt weiter, dem Mittagessen, der Brotzeit entgegen. Die Touristen werden daheim ein Urlaubsbildchen herumzeigen: „Und da haben wir die Rhönhexe leibhaftig gesehen. Sie war gar nicht scheu, und verzaubert hat sie auch niemanden." Die Schulkinder werden in ihrem Aufsatz „Ein Tag in der Hohen Rhön" auch von der Rhönhexe schreiben oder ein Bild malen, das dann ein wenig nach „Hänsel und Gretel" ausschaut. Die Rhönhexe war das eindrucksvollste Erlebnis des Schulausflugs.

Die Szenen haben tatsächlich so stattgefunden. Bettina, die Hexe, hat sie mir selbst geschildert. Den Weg zu ihr hat man mir in Oberelsbach gewiesen. „Sie müssen nur den Franzosenweg hinauf, in Richtung Hochrhönstraße. Es ist dort oben das einzige Haus weit und breit. Also können Sie nicht fehlgehen." Ich ging nicht fehl. Eine Hexe wollte ich allerdings nicht sehen. Ich kam zu ihr hinauf, weil ich ihre Bilder von Rhön-Landschaften gesehen, ihre Gedichte gelesen hatte. Einer, der einen Fernsehfilm über die Rhön machen will, muß so eine Frau einfach kennenlernen. Recht dankbar muß ich ihr heute noch sein, daß sie mich und meine Kollegen mit der Kamera nicht als Eindringlinge empfunden hat, wenn unser Beruf freilich unleugbar die Neugierde sein muß, Neugierde im Auftrag des Publikums.

Bettina, die Hexe, die Rhönhexe. Eigentlich Bettina Schlanze-Spitzner, geboren an einem Maientag des Jahres 1902 im sächsischen Chemnitz, gestorben an einem Augusttag des Jahres 1984. Ihr Grab ist ihrem Wunsch gemäß auf dem kleinen Friedhof über dem Dorf Oberwaldbehrungen, das im Dreieck von Mellrichstadt, Ostheim vor der Rhön und Oberelsbach liegt. Falls irgendein Omnibusreisender, der sie zwischen ihren Schafen und Gänsen als Hexe und Sehenswürdigkeit fotografiert hat, sich bei ihr nachträglich entschuldigen will, muß er zu diesem Grab in Oberwaldbehrungen gehen. In ihrem und um ihr Häuschen, das etwas bombastisch „Berghaus Hohe Rhön" genannt wurde, ist nichts mehr aus ihrer Zeit vorhanden. Nicht einmal die Holunderbüsche zwischen Haus und Zaun sind stehengeblieben. Irgendwer, der nicht weiß, daß ein Hollerbusch gegen alle Krankheiten in Haus und Stall, gegen Blitz und Wetter, Feuer und alle bösen Geister hilft, hat sie abgeholzt, hat das Häuschen der Bettina Schlanze-Spitzner in irgendein beliebiges Gebäude verwandelt. Nun ja, gehört hat es ihr ja nie. So mußte sie auch die ersten Veränderungen an der ihr nur geliehenen, vermieteten kleinen Welt noch kurz vor ihrem Tod mit ansehen. Wo ihre Schafe nun hingekommen sind? Und ihre Gänse, die alle einen Vornamen hatten? Und da war ja auch ein Pianoforte, das man nie und nimmer in diesem Häuschen vermutet hätte, das aber doch da war, das irgendwer einmal auf höchst mysteriöse Weise durch die engen Türen in das winzige Zimmerchen gezwängt haben mußte. Alles nicht mehr da.

Bettina Schlanze-Spitzner sollte einmal in Chemnitz die Produktion von Geschäftsbüchern von ihrem Vater übernehmen. Sie aber ging unter einigen Schwierigkeiten ihren Kunstinteressen nach, wollte Karriere als Pianistin machen, zog nach Hamburg, war bei den „Wandervögeln" und suchte mit ihnen den Weg zurück zur Natur, reiste, es war das Jahr 1923, mit einer Schauspieltruppe und kam mit dieser auch nach Wien. Dort lernte sie Hugo von Hofmannsthal kennen und seinen Freund Max Mell, mit dem sie dann eine enge Freundschaft verbunden hat. Eines Tages stand in Wien der Graphiker Fritz Schlanze vor ihr, der ihr aus Hamburg nachgereist war. Die beiden heirateten in Wien, wanderten nach Guatemala aus, wo sie auf einer Kaffeeplantage lebten. So gibt es von Bettina die „Lieder vom Meer", Gedichte von der Weite des Ozeans, Verse über Tropennächte, den Instacapafluß, den blühenden Mango, über Zikaden, Orchideen, Tamarindenbäume und Indiofrauen, von denen ihr eine im März 1924 bei der Geburt ihrer Tochter beistand. Welchen Eindruck muß das alles auf die empfindsame junge Frau gemacht haben! Aus gesundheitlichen Gründen zog die Familie nach Saint Paul, der Hauptstadt des US-Staates Minnesota, wo sich bald die Unhaltbarkeit der Ehe zwischen zwei zu unterschiedlichen Charakteren herausstellte. 1927 wurde Bettina geschieden, arbeitete auf einer Farm, spielte Orgel, verwaltete ein Feriendorf und wäre beinahe nach Hollywood aufgebrochen, um dort Filmschauspielerin zu werden. Der Traum war da, doch des Vaters Telegramm von einer schweren Erkrankung ihrer Mutter bringt sie mit der kleinen Tochter Maria wieder heim nach Chemnitz. Die Mutter war dann gar nicht krank. Der Vater hatte mit einer Notlüge die Tochter heimgeholt.

Das Jahr 1930 sieht Bettina Schlanze-Spitzner in Berlin, wo der Flitter der „Roaring Twenties" langsam verblaßt. Als „Bettina de Solanza" versucht sie sich als Schauspielerin, lebt schließlich mit des Vaters finanzieller Hilfe in einem Landhaus am Rand der Metropole. 1942 zieht Bettina von Berlin nach Weyhers in der hessischen Rhön und findet 1950 endgültig die große Stille oben auf der Hohen Rhön, in jenem Häuschen am „Franzosenweg", das ihr bald den freilich nicht bös gemeinten Beinamen „Rhönhexe" einbringt. Schafe, Gänse, Holunder ums Haus, die karge Landschaft ringsherum mit den Mooren und Basaltaufbrüchen, die Landschaft mit der Morgensonne, dem Abendlicht, dem wilden Schneefall, dem Regen und dem immerwährenden Wind. Das alles scheint das Haus und die Bettina endgültig von der Welt zu trennen. Sie wird Malerin, hält all diese Erscheinungen und Stimmungen fest, malt, wie sie es will und erfüllt keine Bestellungen. Sie malt, was sie sieht und wie sie es sieht.

Wir, meine Freunde mit der Kamera und ich, sind an einem Wintertag bei Bettina, der Hexe, gewesen. Weil die Vordertür vom Schnee zugeweht war, sind wir durch die Hintertür ins Haus gelangt, durch den Stall. Schafe schauten uns an, regten sich nicht auf. In der größten Stube des Häuschens Bilder, ein paar Erinnerungen, eine Art Schreibtisch, das Pianoforte. Kein elektrisches Licht. So haben wir eine Staffelei einfach nach draußen in den Schnee getragen. Ein Bild nach dem anderen wurde daraufgestellt und gefilmt. Wie merkwürdig sich das ausnahm: all diese Frühlings-, Sommer- und Herbstbilder von der Rhön mitten in der weißen Winterwelt. Die Gänse schnatterten um uns herum. Bald konnten auch wir jede von ihnen beim richtigen Namen nennen. Aus dem Stall kam das Blöken der frommen Schafe, und am Ende saßen wir alle am runden Tisch in der Stube um die Kaffeekanne herum. Da saß dann auch auf einmal Wolfgang mit am Tisch, den wir vorher nicht gesehen hatten. Es war Wolfgang, Bettinas Pflegesohn, der im nahen Bischofsheim die staatliche Schnitzschule absolviert hatte.

Jetzt müßte ich freilich schön lügen, wenn ich behauptete, wir vom Fernsehen hätten es auch für uns persönlich höchst gemütlich gefunden bei Bettina, der Hexe. Wer filmt schon gern in drangvoller Enge und niedrigster Stube, wer kann schon filmen, wenn es gar keine Steckdose im Haus gibt? Freilich, daß dies alles aber Zuschauer interessieren, zum Staunen bringen könnte, war uns schon klar. So haben wir uns für den nächsten Tag verabredet, zu Aufnahmen in der Werkstatt und im winzigen Atelier. Wir wollten uns ein kleines Stromaggregat besorgen. Gesagt, getan. Andertags kam also etwas künstliches Licht in jenen Schuppen, der Bettina und ihrem Pflegesohn als Werkstatt und Atelier diente. Vorne heraus war Wolfgangs Bildhauer- und Schnitzerwerkstatt, hinten hinaus, wo es etwas düsterer war, hatte die Malerin ihr Atelier. Gerade so, als müßte sie nicht viel Licht haben, wenn sie ihre Rhön malte. Wozu auch, wo sie doch alle die Bilder von dort draußen längst als Augen- und Herzensvorrat ins Haus gebracht und sie dort nur noch auf Papier und Leinwand zu übertragen hatte.

Ein Gespräch zwischen ihren Bildern. Fragen nach ihrem Verhältnis zur Landschaft, zu den Menschen der Rhön, zu den Menschen überhaupt. Auch die höchst billige Frage wurde nicht ausgelassen: „Sind Sie eine Aussteigerin gewesen, ehe Aussteigen zur Mode geworden ist?" Natürlich fühlte und sah sie sich nicht als Aussteigerin. Sie wollte einfach, nach all den Zikadenklängen, Tamarindenbäumen, Kaffeeplantagen, nach all dem Lauten in Hamburg, Berlin, Wien und den USA, in die Stille. Kein Programm wollte sie je damit anderen verkünden, nur für sich selbst hier heroben leben, mitten in der Natur.

Freilich, dumm wäre sie gewesen, hätte sie ausgerechnet vor dieser neugierigen Kamera, vor diesem lauernden Mikrophon ihr Herz ganz ausgepackt. Was geht es die Welt letzten Endes schon an, warum Bettina Schlanze-Spitzner in der Mitte des Lebens die laute Welt verlassen hat und in eine leise, neue Welt eingetreten ist? Die Regenstunden, die verschneiten Tage, die Abende, an denen der Rhönwind sich an den Fensterläden versucht hat, das Lesen im Schein einer nichtelektrischen Lampe, das Klavier. Was werden das für Stunden gewesen sein? Stunden der Rhönhexe, die in ihrem vorhexischen Leben mit Hugo von Hofmannsthal geredet, mit Max Mell viele Briefe gewechselt, drüben im heißen Amerika den Indiofrauen bei der großen Wäsche zugeschaut und dort drüben, die Zikadenklänge im Ohr, sich vielleicht die Sehnsucht nach so einer ganz anderen Rhön-Welt geholt hat. Vielleicht hat sie in der Rhön dann hin und wieder den heißen Wind Mittelamerikas zu spüren, die Zikadenklänge zu hören vermeint? Auch wenn es nur der Wind vor einem Rhöngewitter und das Quaken eines Moorfrosches gewesen ist.

Bettina, die Malerin. Nicht ein „Malweib" im wallenden Kleide und unterm großen Strohhut, das sich auf kleinen Füßen ein wenig in die Natur tastet. Die Frau, die fast so alt wie ihr Jahrhundert war, kannte die Mooraugen nicht aus der Perspektive der ästhetischen Lustwandlerin. Moor und Schafheide, verkrüppelter Baum und verdorrter Strauch waren ihre tägliche Welt rund ums Hexenhaus, den Himmel kannte sie von rein-blau bis furchterregend schwarz, und von den Wiesen wußte sie alle Schattierungen ihres Grüns, vom Frühling bis in den späten Herbst. „Jetzt möcht ich erst noch die richtigen Bilder malen", hat Bettina, die Hexe, mir damals gesagt. Auch dies: „Wer weiß, wie lang ich noch malen kann." Zwei Jahre durfte sie noch malen, sie, die der Rhönseele auf der Spur gewesen ist. Auch in Gedichten. Der herbstlichen Rhön etwa:

„Was suchst du noch die Spuren
des Sommers auf den Fluren
der sterbenden Natur?
Die Welt will Frieden haben
und spendet ihre Gaben
nicht länger an die Kreatur.

Bald wird das weiße Schweigen
sich in die Wälder neigen
und jeder Laut verstummt.
Selbst jenes Baches Fallen
schläft unter Eiskristallen
und jeder Baum ist schwer vom Schnee vermummt."

Ein paar Zeilen aus „Die Lieder vom Meer und Gedichte der Landschaft". Ihr einziges gedrucktes Gedichtbändchen. Sie hat es mir geschenkt, und so ist mir das von ihr geblieben, von Bettina, der Hexe. Dazu ein paar Briefe, dann die Todesanzeige vom August 1984, der Nachruf aus der Hand des Rhöndichters Josef Kuhn, Briefe des Pflegesohns Wolfgang und die Grabrede von Oberwaldbehrungen, gehalten am Laurentiustag 1984. Der Pfarrer hatte sich viele und gute Gedanken zum Leben und Sterben der Bettina Schlanze-Spitzner gemacht. Lukas 10,38–42: Die Einkehr Jesu im Haus der fleißig-weltlichen Martha und ihrer besinnlichen Schwester Maria, die sich Jesu zu Füßen setzt und ihm zuhört, während Martha all die Arbeit um den Besuch allein machen muß und sich darüber beschwert. „Martha, Martha, du hast viele Sorgen und Mühe. Eins aber ist not: Maria hat das gute Teil gewählt; das soll nicht von ihr genommen werden." Und der Pfarrer hat am offenen Grab zu Oberwaldbehrungen gesagt: „Liebe Gemeinde, wir beginnen zu ahnen, zu verstehen, daß unsere Verstorbene das gute Teil erwählt hat, als sie dort hinaufstieg, um den Dingen nahe zu sein und ihre Stimme zu hören; denn, so sagt die Bibel: Als alle Dinge in der Mitte des Schweigens standen, da kam vom göttlichen Thron, oh Herr, Dein allmächtiges Wort."

Am Laurentiustag wurde Bettina, die Malerin und Dichterin, begraben. Vier Tage danach kroch ein Bagger den Franzosenweg hinauf auf die Hohe Rhön und verwandelte das Häuschen und die Welt von Bettina, der Hexe, grundlegend. Wer den Bagger geschickt hat, muß das mit sich selbst ausmachen. Aber vielleicht ist das gut so, daß nun dort oben alles anders aussieht, daß Verwandlung geschehen ist. Wandlung, wie es die Dichterin in den nachgelassenen Strophen im „Gleichnis vom Kornfeld" beschrieben hat. Nur drei der sieben Strophen möge man mir als Zitat erlauben:

> „Einmal war ich ein Kornfeld,
> aber die Schnitter kamen
> und mähten die Frucht
> und trennten mich leidvoll
> von meiner Erde –
>
> Wurzellos lag ich da
> unter der sengenden Sonne
> und eingekerkert in Nacht
> schwand mir der irdische Sinn –
>
> Aber sieh, ich begriff,
> daß mir die ewige Wandlung geschah,
> und ich fand mich erneut
> wieder im heiligen Brot."

Einmal muß ich gewiß nach Oberwaldbehrungen. Blumen hinlegen. Es werden schon welche dort sein; denn Wolfgang, der Pflegesohn, hat mir geschrieben, daß immer Blumen von unbekannter Hand auf diesem Grab liegen. Und der Bäckermeister von Oberwaldbehrungen hat ja sowieso gemeint, daß es ihm eine Ehre sei, für das Grab von Bettina zu sorgen. Na, dann fehlt dir doch wirklich und wahrhaftig schon wieder nichts, Bettina, du Hexe!

Meine Menschensammlung

Vierte Abteilung

Antiquitäten

„Der ist auch schon fast hinüber", wird sich mancher sagen, der auf all diesen Seiten nur Vergangenes findet. Aber das haben ja Sammlungen so an sich, daß sie nicht Objekte der Zukunft zeigen, sondern das, was einmal war. Und so manche Sammlung wird gerade dadurch wertvoll, daß sie besonders weit zurückliegende Epochen dokumentiert. Also kommt auch meine Menschensammlung nicht darum herum. In der vierten Schublade bewahre ich Antikes auf, Antiquitäten, Menschen, die ich gern kennengelernt hätte, die ich aber nicht mehr kennenlernen konnte, weil sie lange vor meiner Zeit gelebt, gelacht und gelitten haben.

Hätte mir nun wirklich einer vorgeworfen, daß ich gar kein System in meiner Sammlung habe, so muß er seinen Vorwurf spätestens beim Betrachten der vierten und letzten Schublade zurücknehmen. Hier, wie in den anderen Abteilungen der Sammlung, herrscht doch ein System: „Unberühmte" sammle ich ja, rede von ihrem unbekannt gebliebenen Ruhm. Martin Luther? Nun, der ist keinem unbekannt geblieben, aber wer hat schon von jener wackeren Frau Argula von Grumbach gehört, die sich in Luthers gefährlicher Zeit für die Freiheit des Menschen eingesetzt hat, fürs freie Denken und freie Glauben. Und unseren bayerischen Kurfürsten Max Emanuel, den „Blauen Kurfürsten", kennt jedermann als Inbegriff des barocken Absolutismus in unserem Land. Daß aber eines seiner Kinder sich für immer aus der Residenz hinter strenge Klostermauern begeben hat, ist weithin unbekannt geblieben. Und spricht man vom Rokoko in Bayern, dann meint man Ignaz Günther, die beiden

Asambrüder, die beiden Zimmermann, kaum aber den Stukkatorer Johann Georg Üblher. Oder haben Sie schon von ihm gehört?

Hätte ich vielleicht von der Agnes Bernauerin erzählen sollen? Die kennt doch jeder, dafür hat schon allein Carl Orff so gut gesorgt und auch Friedrich Hebbel. Als Regensburger hätte ich mich auch der Handwerkerstochter Barbara Blomberg annehmen können, die dem düsteren Kaiser Karl V. (und weit mehr noch dem, was man mit „Abendland" meint) den „Seehelden von Lepanto" geschenkt hat, den strahlenden „Don Juan de Austria". Aber soll ich Carl Zuckmayer Konkurrenz machen? Also habe ich in meine vierte Schublade die Argula getan, dazu die unglückliche Herzogin Jakobäa von Straubing-Holland, die Eufrosina Hertzhamerin aus dem Chiemgau und die „Sor Emanuela Teresa". Und schon weil mich seine malerische Heimatstadt Königsberg in Bayern so fasziniert hat, konnte ich auch über Johannes Müller nicht schweigen, der als Mathematikus und Astronom dem Kolumbus den Weg in die Neue Welt möglich gemacht hat. Ist das nicht eine interessante Antikensammlung?

Die Geschichte von der „Frouwe Jakob"

oder eine bayerische Blumenkönigin im Tulpenland

Alljährlich am Fest „Mariä Himmelfahrt", dem wichtigsten Tag des Gäubodenfestes, zieht ein großer Trachtenzug durch die schöne Herzogsstadt Straubing. Ein herrliches Bild, all diese farbenfrohen Gruppen zu Fuß, zu Pferd und zu Wagen. Ob da auch die „Dame Jacques" mit im Zug reitet, die „Frouwe Jakob", die Herzogin „Jakobäa von Beieren"? Sinn hätte das schon; denn diese Frau war eine Straubingerin, auch wenn sie die niederbayerische Stadt an der Donau nie gesehen hat, in den Niederlanden lebte und in der Hof- und Kollegiatskapelle in Den Haag begraben liegt. Da müßten einfach einmal ein paar Straubinger zur Frühjahrszeit eines der prächtigen Blumenfeste in Holland besuchen. Bei den dazugehörigen Umzügen erregt eine Gruppe immer den besonderen Beifall der Zuschauer: Eine Dame, hoch zu Roß, anmutig, würdevoll und wunderschön, auf behandschuhter Hand einen Jagdfalken tragend, umgeben von bestens herausgeputzten Rittern und Pagen. Es ist die „Frouwe Jakob", letzter Sproß der wittelsbachischen Linie Straubing-Holland, eine bayerische Blumenkönigin also in den Festzügen des Tulpenlandes. Noch heute nennen sie die meisten Holländer „Jakobäa von Beieren". Jakobäa, Herzogin von Bayern, Gräfin des Hennegau, von Holland und Seeland, Herzogin von Brabant. Den Nachkommen ihrer einstigen Untertanen ist sie weniger aus geschichtlicher Bedeutsamkeit, sondern vielmehr wegen ihres Lebensschicksals ans Herz gewachsen, eines Schicksals, das der schönen Wittelsbacherin im Zwiespalt zwischen Politischem und Menschlichem jenes Maß von Glanz und Elend zuwog, aus dem für gewöhnlich die Märchen gemacht sind.

Die „Frouwe Jakob" ist eine Urenkelin von Kaiser Ludwig dem Bayern, dessen zweite Frau Margarete der Wittelsbacher Hausmacht die niederländischen Grafschaften Holland, Seeland und Hennegau eingebracht hat, die 1353 mit dem bayerischen Teilherzogtum Straubing vereinigt wurden. Als Jakobäa am 25. Juli 1401 in Den Haag das Licht der Welt erblickt (am Tag des heiligen Jakobus, daher ihr Name), ist ihre um 31 Jahre ältere Cousine Elisabeth aus der Linie Bayern-Ingolstadt schon 16 Jahre Königin von Frankreich, wo sie in ihren jungen Jahren von den Parisern als „Lilienkönigin" gefeiert, später aber eher als die „böse Isabeau" beschimpft wird. Als Gegenspielerin seiner „Jungfrau von Orleans" läßt auch Friedrich Schiller kein gutes Haar an ihr. Isabeau, wie Elisabeth in Frankreich genannt wird, soll bald die Schwiegermutter Jakobäas werden. Im Alter von fünf Jahren wird die holländische Wittelsbacherin mit Königin Isabeaus neun Jahre altem Sohn, dem späteren Dauphin Johann von Tourraine, verlobt. Der potentielle französische Thronfolger gilt als kränklich, ist von seines Vaters Geisteskrankheit erblich belastet. Als Jakobäa 14 Jahre alt ist, feiert man Hochzeit, zwei Jahre später ist sie Witwe. Der Dauphin ist an einem Halsgeschwür, das sich nach innen geöffnet hat, erstickt. Oder war Gift im Spiel?

Jakobäa wird also nicht die Thronfolgerin ihrer königlichen Cousine, kann aber auf die drei niederländischen Grafschaften hoffen, da sie die einzige Nachkommenschaft ihres Vaters, Herzog Wilhelms II. von Straubing-Holland, darstellt. Dieser bringt 1417 auf einem Landtag die Ständevertreter Hollands zu einem feierlichen Gelöbnis, das die weibliche Erbfolge sichern soll: „Wir wissen und bekennen, die durchlauchtigste Fürstin, Ihre gnädige Frau Jakob von Bayern, ist die einzige Tochter und rechte Erbin und Nachfolgerin des hochgeborenen Fürsten, des Herzogs Wilhelm von Bayern, Grafen von Hennegau, Holland und Seeland. Wenn Herzog Wilhelm ohne Sohn stirbt, so wollen wir dieselbige gnädige Frau Jakob von Bayern als Erbtochter ihres gnädigen Herrn Vaters und als unsere rechte geborene

Landesfrau anerkennen. Und wenn irgend jemand, wes Standes er auch sei, unserer vorgenannten gnädigen Fürstin und Frau ein Leides tut oder sich gegen sie stellt, so werden wir das wenden und nimmermehr von ihr weichen."

Sechs Wochen nach diesem Gelöbnis stirbt Herzog Wilhelm II. an den Folgen eines Hundebisses. Die sechzehnjährige Jakobäa reist als neue Herrin durch ihre Lande, läßt sich huldigen und schwört ihrerseits dem Volk den Treueid. Jedermann beschenkt die junge Frau, viele besingen ihre Schönheit, Ritter treten in Turnieren ihr zu Ehren in die Schranken. Ein Triumphzug ist das, eine Freude und ein Jubel. Wäre da nicht das Unheil schon auf der Lauer. Ein Onkel ist nämlich da, leider kein guter. Er heißt Johann, ist eigentlich erwählter Bischof von Lüttich, will aber seiner Nichte Erbe an sich reißen. Den „Erbarmungslosen" nennt ihn das Volk, weil er 1508 einen Aufstand der Lütticher mit einem grausamen Strafgericht beendete. In die Geschichte geht er als Herzog Johann III. von Straubing-Holland mit dem Beinamen „Ohnegnade" ein. Um sein Ziel zu erreichen, legt er sofort sein Bischofsamt nieder und heiratet. Er will vor allem die drei reichen niederländischen Grafschaften für sich haben, wodurch sie den Wittelsbachern am Ende allerdings verloren gehen.

Jakobäas Stand ist schwer. In ihrem Land stehen sich seit langer Zeit die Kaufmannspartei der „Kabeljaus" und die Ritterpartei der „Hoeken" in einer Art Bürgerkrieg gegenüber, zudem tobt der Hundertjährige Krieg zwischen England und Frankreich. Die bedrohte Erbin wendet sich an Burgund, das Land ihrer verstorbenen Mutter Margarete, verlobt sich wider Willen, aber zugunsten der Politik mit Johann von Brabant, was ihr von Burgund zur Auflage gemacht wird. Wieder ein kränklicher Bräutigam, erst 14 Jahre alt, charakterlich bereits vollkommen verdorben. Da sie auch noch mit ihm blutsverwandt ist, flammt auf dem gerade stattfindenden Konstanzer Konzil ein Streit um die notwendige Dispens auf. Der neu gewählte Papst Martin V. erteilt schließlich die Dispens, die aber in ihren Landen nur von den „Hoeken" anerkannt wird. Obwohl der Papst, vermutlich von Kaiser Sigmund unter Druck gesetzt, die Dispens nach zwei Wochen wieder zurückzieht, heiratet Jakobäa doch, was ihren Onkel und Todfeind mit Kriegsscharen auf den Plan ruft. Jakobäa flieht an den Hof von Brabant, wird aber zu Brüssel so schlecht behandelt, daß sie die Stadt und ihren zweiten Gemahl verläßt, ihre Ehe für ungültig erklärt und sich nach England absetzt.

Jakobäa wird am Londoner Hof ihrer Schönheit wegen gefeiert. Ihr glühendster Verehrer ist der Herzog von Gloucester. Er heiratet sie und setzt bald nach der Hochzeitsnacht mit einer Streitmacht über den Kanal, behält über „Johann Ohnegnade" die Oberhand. 1425 stirbt der böse Wittelsbacher-Onkel. Friede und Glück? Keineswegs. Nun sieht die Verwandtschaft in Burgund ihre Interessen bedroht. Herzog Philipp von Burgund, „der Gute", bekriegt den Engländer erfolgreich und setzt Jakobäa gefangen. Gloucester hat anscheinend die Nase voll, kehrt nach England zurück und läßt seine junge Frau, die ihn um Hilfe anfleht, schmählich im Stich. Das ist für die „Frouwe Jakob" zuviel. Sie unterzeichnet am 3. Juli 1428 mit Philipp von Burgund nach dessen Wunsch die Friedensartikel zu Delft, bleibt Gräfin von Holland, Hennegau und Seeland, muß allerdings Herzog Philipp als ihren rechtmäßigen Erben anerkennen und darf nur mit dessen Einwilligung wieder heiraten. Dieser Passus führt das nächste Verhängnis herbei. Jakobäa verliebt sich in Frank von Borselen, den von Herzog Philipp bestellten Wächter ihrer Einsamkeit. Sie heiraten heimlich, doch dies wird entdeckt, Borselen gefangengenommen. Jakobäa muß nun befürchten, daß Borselen sein Leben und sie ihr Land verliert. Aus Liebe zu ihm, ihrem vierten Mann und dem einzigen, dem wirklich ihr Herz je gehört, entsagt sie ein für allemal der Herrschaft.

Die Liebe kostet sie viel, vor allem viel Demütigung. Eigenhändig muß sie gleichlautende Briefe an den Papst, den Kaiser und den englischen König schreiben: „Wir Jakobäa, Herzogin von Bayern, Gräfin von Holland, Hennegau und Seeland, haben überschaut, wie mächtig Unsere Länder sind, an der See gelegen und von vielen großen Fürstentümern umgeben. Da haben Wir bedacht, daß Wir als eine Frauensperson nicht so angesehen sind und Uns nicht Gehorsam wird mit solcher Untertänigkeit, als sich das wohl gebührte, und daß Wir daher diese Lande, in denen Adel und Volk in großer Zwietracht gestanden, nicht halten können und regieren in Frieden und Ordnung. Dazu ist ein tüchtiger Fürst und ein Herr von großer Macht und Umsicht erforderlich, und einen besseren wissen Wir nicht als Unseren lieben Herrn Vetter, den Herzog von Burgund, der Land und Leute bereits kennt und mit dessen anstoßenden Ländern die Unsrigen in regem Verkehr stehen. Aus diesen Ursachen übergeben Wir ihm und seinen Enkeln für ewige Zeiten Unsere Länder und überweisen deren Bewohner an ihn als seine Untertanen." Eine Frau hat keine Chance und muß aufgeben. Zugleich ist damit das Ende der wittelsbachischen Herrschaft in den Niederlanden erreicht.

Jakobäa aber lernt nun doch noch das wahre Glück kennen. An der Seite Frank von Borselens lebt sie noch ein paar schöne Jahre. Am 9. Oktober 1436 stirbt sie an der Schwindsucht, nach kurzer Leidenszeit. Ihr Sterbeort ist das Schloß Teilingen, zwischen Haarlem und Leyden, dort, wo heute Millionen Tulpen blühen. Im Schloßteich hat man vor Jahren noch Krüge gefunden, die sie in den Jahren des stillen Glücks selbst getöpfert haben soll. Begraben liegt Jakobäa in der Hof- und Kollegiatskirche in Den Haag. Zu Leyden aber, nahe ihrem letzten Lebensort, wird die „Dame Jacques", die „Frouwe Jakob" bei den Blumenfestlichkeiten gefeiert, bewundert und geehrt, heute noch. Und wie wäre das dann mit einem schönen, blumigen Gedenken beim Gäuboden-Trachtenfestzug in ihrer einstigen Stadt Straubing? Schließlich war die Jakobäa „von Beieren".

Der Entroster himmlischer Bahnen

oder wie ein Müllersohn dem Columbus nach Amerika half

Wer war Regiomontanus? Wer weiß darauf eine Antwort? Und wie ist das dann? Zählt einer, der Großes geschaffen hat, zu den Unberühmten, nur weil seine Existenz auf diesem Planeten niemals vielen bekannt geworden ist? Richtet sich Ruhm nach Quoten? Reden wir nicht lange darum herum: Das war schon so, ehe überhaupt in Quoten gedacht wurde und bestätigt sich laufend mit der täglich wachsenden Informationsflut. Also können wir den Regiomontanus zu den Unberühmten rechnen, auch wenn er viel Licht der Erkenntnis in die Welt des 15. Jahrhunderts gebracht hat.

Freilich, Wissenschaftlern aller Erdteile ist dieser Regiomontanus noch immer ein Begriff, und in Chicago, im „Museum of Science and Industry", wird er an der „Wall of History" als führender Geist seiner Zeit dargestellt. Die höchste Bekanntheitsquote hat er allerdings bei den 4000 Bewohnern des Frankenstädtchens Königsberg. Dort steht auf dem Marktplatz sein Standbild, dort kann man am Salzmarkt sein Geburtshaus fotografieren, eines der prachtvollen Fachwerkgebäude des Ortes, und von Königsberg nahm er nach damaligem Humanistenbrauch auch seinen Gelehrtennamen: Regiomontanus, „der Königsberger".

„Königsberg i. Bay." So lautet der amtliche Name des in der grünen Welt der Haßberge gelegenen Städtchens, das ich zum ersten Mal an einem vollen, satten Maientag besuchte. Damals, vor sehr vielen Jahren, wußte ich nichts über den Regiomontanus und von diesem Königsberg nur soviel, daß es zum einstigen Herzogtum Sachsen-Coburg-Gotha gehört hatte und durch Volksabstimmung mit dem Coburger Land erst 1920 an Bayern gekommen ist. Bis dahin war die kleine Stadt eine Coburger Exklave mitten im bayerischen Unterfranken. Mich verlockte gleich einmal ein auch am Tage hell leuchtendes Nachtgestirn: das weit ausladende Wirtshausschild des historischen Gasthofs „Goldener Stern" am Marktplatz. In der getäfelten Stube fand ich an der Wand die edel gerahmten Fotos von herzoglich-coburgischen Hochzeiten, und an meinem Tisch saß noch an diesem Abend ein vornehmer, gut gekleideter älterer Herr, ein Zeitzeuge. Er hatte als junger Bursch noch begeistert dem letzten Coburger Herzogspaar bei seinen Besuchen in der Exklave zugejubelt. Es war – nach mehr als 50 Jahren – auch noch viel Herzogliches an ihm. Den anderen Tag brachte er Fräulein Gerda Apel mit, die absolut auf „Fräulein" bestand. Die Tochter des letzten herzoglich-coburgischen Amtsrichters zu Königsberg ist sie gewesen, ein wahres Fräulein, wie man damals schon nicht mehr recht glauben konnte, daß es so eines noch gibt.

Wer sich Königsberg anschaut, mit seinen Fachwerkhäusern, eingerahmt von Obst- und Blumengärten, im Osten zum Schloßberg ansteigend, im Westen ins Tal des Obst- und Weindorfes Unfinden flach hinauswachsend, der wird es nicht fassen können, daß einer von hier freiwillig weggehen möchte. Der Regiomontanus – um zu unserem Titelhelden wieder zurückzukehren – hat es getan. Er, Johannes Müller, der am 6. Juni 1436 am Königsberger Salzmarkt als Sohn eines wohlhabenden Müllers das Licht der Welt erblickte, macht sich 1447 auf die Reise nach Leipzig. Im Alter von elf Jahren läßt er sich an der dortigen Universität als „Johannes Molitoris" für die artistische Fakultät (das ist Astronomie und Mathematik) immatrikulieren. Ein Bub geht auf die Uni! Kein dummer Bub. Schon im zweiten Studienjahr überrascht er seine Lehrer mit einem handgeschriebenen, lateinisch verfaßten Jahrbuch, in dem er für jeden einzelnen Tag des Jahres 1448 die Bewegung aller Planeten berechnete. Man stelle sich ihn erst einmal mit einem Computer bewaffnet vor!

Leipzig kann ihn bald nicht mehr halten, nicht, weil es zu seiner Zeit „Auerbachs Keller" noch nicht gegeben hätte, sondern weil er von den dortigen Lehrern seines Faches nichts mehr dazulernen konnte. Wien lockt ihn, an dessen Universität damals der Geist des Humanismus zu besonderer Blüte gelangt. Zudem hatte dort bis zu seinem Tod im Jahr 1442 der Astronom und Mathematiker Johann von Gmunden gelehrt, seine Werke und neue Geräte zur Berechnung der Planetenbewegung und nicht zuletzt seinen Meisterschüler Georg von Peuerbach hinterlassen. Unterm 15. April des Jahres 1450 findet man in der Wiener Immatrikulationsliste den Eintrag des „Johannes molitoris de Künigsperg". Der ist jetzt fast 14 Jahre alt, wird knapp zwei Jahre später, am 16. Januar 1452, zum Baccalaureat, dem ersten akademischen Grad, zugelassen. Georg von Peuerbach ist sein Freund und Lehrer, mit ihm wird er bald gemeinsam forschen. Der nur 13 Jahre ältere Wissenschaftler nimmt Johannes Müller in sein Haus auf und überträgt ihm eigene Aufgaben. Peuerbach wird ihm 1451 (dem Geburtsjahr zweier späterer Nutznießer des Regiomontanus: Cristofero Colombo und Amerigo Vespucci) auch einen ersten Honorarauftrag vermittelt haben. König Friedrich III. bestellt eine „Nativität" für die Prinzessin Eleonore von Portugal, also ein Lebenshoroskop. Es muß günstig ausgefallen sein. Friedrich, der während seiner 53 Regierungsjahre nicht viele glückliche Tage gesehen hat, heiratet Eleonore im folgenden Jahr, in welchem er auch von Papst Nikolaus V. in Rom gekrönt wird. Es ist die letzte Krönung eines deutschen Kaisers durch den Papst in Rom.

Ob Eleonore von Portugal das Horoskop nach der Hochzeit zu Gesicht bekommen hat? Möglich, denn 1459 bestellt auch sie bei Regiomontanus eine „Nativität". Diesmal geht es um die Konstellationen für den Kronprinzen, den späteren Kaiser Maximilian I., den die Geschichte den „letzten Ritter" nennt. Aus Johannes Müller war mittlerweile, 1457, ein Magister geworden, der mit seinen 21 Jahren an der Wiener Universität Astronomie und Mathematik lehrt. Gesagt werden muß, daß es Regiomontanus nie mit der Astrologie gehalten hat. „Das Geschick des Menschen ruht in seinem Gott", sagt er. Nach ihm wird aber noch manch großer Himmelsforscher für Geld und Herrscherhuld aus dem Stand der Gestirne orakeln und damit sicher auch die eine oder andere historische Entscheidung beeinflussen.

Die diplomatische Reise des Kardinals Basileus Bessarion im Jahr 1460 soll für Regiomontanus bedeutungsvoll werden. Der Gesandte des Papstes verhandelt – sieben Jahre nach der Eroberung Konstantinopels durch Emir Mohammed II. – mit Kaiser Friedrich wegen der Türkengefahr. Der aus dem Kaiserreich Trapezunt stammende Bessarion ist vom Geist des Humanismus erfüllt. Er veranlaßt Peuerbach, den „Almagest", das im zweiten Jahrhundert entstandene astronomische Werk des Ptolemäus, neu zu erläutern. Über dieser Arbeit stirbt Peuerbach im April 1461, erst 38 Jahre alt. Auf dem Sterbebett beschwört er Johannes Müller, das Werk zu vollenden, was dieser auch tut. Gedruckt wird diese „Epytoma" (= Auszug) erst 1496 in Venedig. Nach Peuerbachs Tod in Wien sicher nicht mehr so recht zu Hause, folgt Regiomontanus dem Kardinal Bessarion nach Rom, taucht dort in der Kurie des Kardinals in die blühende Welt des italienischen Humanismus ein, versieht den Auszug des „Almagest" mit seinen neuesten Ergänzungen und Berechnungen und bietet damit ein völlig neues Handbuch der Sternkunde, das nach seinem Druck an den Hochschulen als Lehrbuch eingeführt wird. Auch Kopernikus hat es zu seinen Krakauer Studien benützt und daraus jene Schlüsse gezogen, die das Weltbild des Mittelalters endgültig verändern sollten.

Aus dem kleinen, in den Haßbergen versteckten Königsberg war der Sohn eines Müllers nun in das Rom des Pontifikats von Pius II. gekommen, jenes Enea Silvio Piccolomini, der erst 1446 in den geistlichen Stand getreten war, vorher das Leben in vollen Zügen genossen und sich als Berater Kaiser Friedrichs III. umfassende Kenntnisse über die deutschen Verhältnisse verschafft hatte. Von ihm, dem Humanisten unter den Päpsten, stammen glanzvolle, gewandte Texte in allen Sparten der Literatur. Politisch muß er sich als Papst vor allem mit dem Ansturm der Türken auseinandersetzen, doch verhallt sein Aufruf zu einem Krieg gegen die Türken im Abendland nahezu ungehört.

Politik interessiert Regiomontanus wohl kaum. Er, der schon 1460 die Dezimalbruchrechnung entwickelt hatte und in Rom nun sein berühmtes Buch über die Dreieckslehre verfaßt, schreibt an einen italienischen Kollegen: „Mögen jene auf Erden Frieden schaffen, wir werden uns darum sorgen, die himmlischen Bahnen von ihrem Rost zu befreien." Rostig erscheint ihm vor allem das Weltbild des Ptolemäus, das die Erde als ruhende Mitte der Welt sieht. Vorsichtig meint er, es könne sich schließlich seit den Zeiten des Ptolemäus einiges geändert haben. Wenn der Mond sich zum Beispiel wirklich in einer exzentrischen und epizyklischen Bahn bewege, so müßte er ja gelegentlich den Erdenbürgern viermal so groß als sonst erscheinen. Diese Kritik an der Lehre seiner Zeit hat später auf Kopernikus großen Eindruck gemacht.

Von Italien und dem Kurienhof Bessarions hat sich Regiomontanus vermutlich 1465 wieder getrennt. Im Sommer 1467 finden wir den nun 31 Jahre alten Königsberger in Preßburg an der dort frisch gegründeten Universität und ein Jahr später in Buda, am Hof des Ungarnkönigs Mathias Corvinus, für den er vor allem Geräte, auch zu Messungen im Gelände, herstellt. Erfüllen kann ihn das auch nicht. Er sieht, nach eigenen Worten, seine Lebensaufgabe darin, „die Wissenschaft der Sternkunde durch Vergleich der Bewegungen am Himmel mit den Berechnungen der Alten zu erneuern, um zum Kern der Wahrheit vorzudringen." Schließlich kann er Mathias Corvinus davon überzeugen, daß die Freie Reichsstadt Nürnberg der geeignete Ort sei, um seine Arbeit zu Ende zu führen.

Kein besserer Ort als Nürnberg hätte sich zur damaligen Zeit für Regiomontanus' Absichten finden können. Als er in den ersten Junitagen des Jahres 1471 dort auftaucht, liegt im Dürerschen Hause gerade ein Säugling namens Albrecht in der Wiege. Dessen späterer Lehrmeister Michael Wolgemut fertigt bald für die Drucklegung von Regiomontanus' Büchern die nötigen Holzschnitte an. Der große Helfer des „meister hanns von künigsperg astronomo" – so nennt ihn die Nürnberger Aufenthaltserlaubnis – wird der aus Memmingen stammende Bernhard Walther, der vermutlich durch die Beziehungen der

„Großen Ravensburger Handelsgesellschaft", der auch Memminger Patrizier angehören, in die Handels-, Gewerbe- und Kunstmetropole an der Pegnitz gekommen ist. Der Gewerbefleiß Nürnbergs steckt auch Regiomontanus an. Er kommt kaum noch von seinen zwei Arbeitsplätzen – Bernhard Walther hat sie ihm eingerichtet – fort, einer Werkstätte mit Druckerei und einem Observatorium, das freilich noch ohne Teleskop auskommen muß und nur über selbstgefertigte Instrumente verfügt. „Besenstiel-Astronomie" wird man das später spöttisch nennen und doch zugeben müssen, daß Regiomontanus, 140 Jahre vor dem ersten Fernrohr, einem Kopernikus eben dann mit Besenstielen den Weg bereitet hat.

Als ahne er seinen frühen Tod, bringt der Mann aus Königsberg in vier knappen Jahren ein Buch nach dem anderen heraus, fertigt neue und verbessert schon bekannte Geräte zur Navigation, vom Astrolabium bis zur verspielten Taschen-Sonnenuhr. 1474 erlaubt ihm die schon hochstehende Nürnberger Buchdruckerkunst die Herausgabe der „Ephemeriden", das sind Jahrbücher (vom Namen her eigentlich „Tagbücher"), die auf 448 Blättern mit mehr als 300 000 Zahlen für die Jahre von 1475 bis 1506 den Stand der Sonne, des Mondes und der Planeten in ihren wechselseitigen Aspekten angeben. Sicher, so etwas hat es schon vor Regiomontanus gegeben, doch weder in gedruckter Form noch mit dieser Genauigkeit. Ohne dieses nunmehr so exakte Hilfsbuch der Navigation hätte Kolumbus 16 Jahre später kaum seine große Seefahrt wagen können.

Am 28. Juli 1475 macht Johannes Müller seinen letzten Eintrag über eine Beobachtung des Himmels über Nürnberg. Dann reist er – schweren Herzens – nach Rom. Papst Sixtus IV., der Bauherr der Sixtinischen Kapelle, will den berühmtesten Astronomen und Kalendermacher seiner Zeit für eine längst notwendige Reform des Julianischen Kalenders haben. Er setzt ein sehr hohes Honorar aus. Im 16. Jahrhundert kommt sogar die groteske Behauptung auf, der Papst habe Regiomontanus das Bistum Regensburg versprochen oder ihn wenigstens zum Titularbischof dieser Diözese ernannt. Mag sein, daß er im Vatikan von Rang und Ansehen (und vielleicht auch von der Besoldung) her einem Bischof von Regensburg gleichgestellt wird. Traurige Tatsache ist, daß Regiomontanus die Kalenderreform zwar beginnt, sie aber nicht vollenden kann. Der Tod rafft ihn Anfang Juli 1476, im Alter von 40 Jahren, dahin. Johannes Müller stirbt vermutlich an einer Seuche, die nach einer Tiber-Überschwemmung ausbricht. Noch düsterer ist die Kunde, ein wissenschaftlicher Konkurrent, den er widerlegt hatte, habe ihn vergiften lassen. Gesichert ist jedenfalls das Grab des Regiomontanus auf dem römischen Campo Santo Teutonico, nahe dem Petersdom. Seit seinem 500. Todestag erinnert dort eine Gedenktafel an ihn, gestiftet von seiner kleinen fränkischen Heimatstadt Königsberg. Ein Hilfsmittel mehr, um den fast Vergessenen nicht zum vollkommen Vergessenen werden zu lassen. Die Tatkraft des Johannes Müller aus Königsberg war mit der Tugend der wirklich Großen, der Bescheidenheit, gepaart. Ein letztes Zitat zum Beweis: „Wiewohl wir zweifeln dürfen, ob unsere Zeit für die Schaffung einer allgemeinen Wissenschaft genügen wird, so muß doch mit allen Kräften versucht werden, der Wahrheit näher zu kommen, damit wir nicht beschuldigt werden, das Leben in träger Untätigkeit verbracht zu haben."

Eufrosina Hertzhamerin Klosterfraw

oder Hero und Leander auf dem "Bayerischen Meer"

Wenn man vom freundlichen Städtchen Trostberg nach Kraiburg fährt, sieht man zur Linken bald den Weiler Heretsham liegen, eine kleine ländliche Ansiedlung, wie man so vielen zu beiden Seiten dieser Straße begegnet. Die paar Häuser gehören zur Gemeinde Kienberg, wohin Heretsham schon immer eingepfarrt war, wie Michael Wening in seiner "Topographia Bavaricae" im Jahr 1721 berichtet, in der er das Schloß "Hertzhaim" auch in einem kleinen Kupferstich dargestellt hat. Ein höchst bescheidenes Bauwerk sieht man da, das sich aber immerhin bis 1866 gehalten hat. Der Bauernhof, der heute an seiner Stelle steht, ist mit seinem Walmdach viel eher ein Landschlößchen als das, was Michael Wening zeigen konnte. Vom einstigen Schloß hat der stattliche bäuerliche Wohnbau zwei Wappensteine behalten.

Um auf deutlichere Spuren der einstigen Heretshamer Schloßherren zu stoßen, muß man sich drei Epitaphe in der Trostberger Pfarrkirche St. Andreas anschauen. Sie erinnern alle an den Ritter Hans III. Hertzhaimer, der von 1464 bis 1532 gelebt hat. Sie entstanden alle drei noch zu Lebzeiten des auf den kunstvollen Rotmarmorplatten in prächtiger Rüstung dargestellten Edelmanns, der also mit eigenem Geld für sein Unvergessensein gesorgt hat. Den Trostbergern war er lieb und wert, hat er ihnen doch den Neubau des Langhauses der schönen spätgotischen Hallenkirche bezahlt. An zwei weiteren

Orten, an denen er begütert war, hat der Ritter Hertzhaimer ebenfalls wunderschöne, wertvolle Gedenksteine für sich hinterlassen, in Bad Aussee, wo ihm das Gericht und das Salzamt übertragen waren, und in Salmanskirchen bei Ampfing, wo er 1532 begraben wurde. Der Stammsitz seines Geschlechts aber war jenes bescheidene Heretsham. Gleich den Grafen Toerring und den Herren von Pienzenau dienten auch die Hertzhaimer den „Reichen Herzögen" von Bayern-Landshut als Pfleger des Gerichts Trostberg.

Wer nun aus den paar Häusern von Heretsham und den Gedenksteinen von Trostberg, Salmanskirchen und Bad Aussee eine Geschichte machen will, braucht noch vier weitere Epitaphe. Die findet man alle im ehrwürdigen Münster der Benediktinerinnen auf der Fraueninsel im Chiemsee. Da wären zunächst im nördlichen Seitenschiff noch einmal zwei prächtige Gedenksteine für – ja, für wen denn? – für unseren Ritter Hans III. Hertzhaimer, im südlichen Seitenschiff das Epitaph für die tüchtige Äbtissin Ursula Pfäffinger, des wackeren Hertzhaimers Base. Auf den wichtigsten Stein für unsere Geschichte – er ist zugleich der schlichteste, bescheidenste – stößt man im nördlichen Seitenschiff. Die Inschrift ist kaum noch zu entziffern: „wirdig Eufrosina Hertzhamerin Klosterfraw". Jung soll sie gestorben sein, sagen die einen, erst um 1570, als Sechzigerin, soll sie das Zeitliche gesegnet haben, meinen die anderen. Wir müssen uns am Streit nicht beteiligen, da uns sowieso nur aus ihren jungen Jahren Kunde über sie zuteil geworden ist. Wir ernennen jedenfalls das Ritterfräulein Eufrosina, Tochter des so vielfach in Steinskulpturen erhaltenen Hans III. Hertzhaimer, zur Heldin unserer Geschichte. Man wird sehen: Eufrosina erweist sich „wirdig" für diese Rolle.

Lassen wir unsere Geschichte mit einem posaunenhaften Auftakt beginnen, im November 1475, bei der „Hochzeit des Jahrhunderts", die Herzog Ludwig der Reiche für seinen Sohn Georg und dessen Braut, die polnische Prinzessin Jadwiga, in jenen Tagen in seiner prächtigen Residenzstadt Landshut austrägt. Mitten in diesem tagelangen Fressen, Saufen, Verdauen, Tanzen und Turnieren befindet sich auch unser Junker Hans

Hertzhaimer. Er ist elf Jahre alt und steht schon in Diensten des Landshuter Hofes, zu dessen niederbayerischen Landen damals ja auch der ganze Chiemgau, das Inntal bis Rattenberg hinein und die Bergbaustadt Kitzbühel gehört haben. Auf der großen „Landshuter Hochzeit" mag er auch seinen späteren Gönner kennengelernt haben, den nur fünf Jahre älteren Kaisersohn Maximilian, der später selbst König und Kaiser werden und als „letzter Ritter" in die Geschichte eingehen wird. In diesem Jahr 1475 soll unser Junker allerdings auch an der Universität Wien gesehen worden sein. Im Jahr 1479, fünfzehnjährig, leistet er Dienste beim König von Böhmen, ein paar Jahre darauf bei Herzog Sigmund dem Münzreichen von Tirol, mit dem er gegen die Venezianer zieht und bei Rovereto zum Ritter geschlagen wird, zum ersten Mal. Der Erbe des münzreichen Herzogs Sigmund, der nun schon die Kaiserkrone tragende Maximilian I., schlägt den Hertzhaimer 1493 noch einmal zum Ritter (das mag ja auch ein recht eindrucksvolles Ritual gewesen sein), weil er ihm gegen die Türken geholfen hat. Er übergibt ihm das höchst lukrative „Urbar- und Gaygericht" zu Aussee im steirischen Salzkammergut und macht ihn dort auch zum Salzherrn. Als Gasthof „Weißes Rössl" hat das Bad Ausseer „Herzheimerhaus" überlebt und trägt eine Gedenktafel. Diese hat nun nicht er selbst, sondern die Nachwelt anbringen lassen. Sein eigener Anteil an Erinnerungsvorsorge ist hier – wie bereits erwähnt – sein schönes Epitaph in der Pfarrkirche St. Paul. Was er damals als Ausseer Salzherr nicht wissen kann: Spätere Zeiten werden auch an einem Haus gegenüber der Ausseer Spitalkirche eine Gedenktafel anbringen, nicht für ihn, sondern zur Erinnerung an die schöne Postmeisterstochter Anna Plochl, die Gemahlin des besonders vom Steirervolk umjodelten Erzherzogs Johann.

Und wann kommt Eufrosina? Es dauert noch. Über sie gibt es sowieso am wenigsten zu berichten, wenn auch alles hier nur wegen ihr berichtet wird. Lassen wir unseren zwiefachen Ritter Hans, den wohlhabenden Ausseer Salzherrn, erst einmal zu seiner ersten Brautfahrt aufbrechen, nach Salzburg, ins Haus des Bürgermeisters Wäginger. Dessen Tochter Erentraud führt er zum Altar, vielleicht in Aussee, wo er dann mit ihr lebt. Ab 1501 kommt jedes Jahr ein Kind, das dritte, 1503 geboren, wird auf den Namen Jordan getauft. Das Knäblein wird sehr wichtig für unsere Geschichte. Sein Vater reist immer wieder in seine Chiemgauer Heimat, stiftet seinen Trostbergern das schöne Kirchenschiff, wird auch militärischer Berater seiner Base, der schon erwähnten Frauenwörther Äbtissin Ursula Pfäffinger. Rechtzeitig zum Landshuter Erbfolgekrieg umgibt er das Eiland der frommen Frauen mit Palisaden und läßt neun Feldschlangen aufstellen, diese schlanken, aus Bronze gegossenen Kanonen, die den Rittern bald den Beruf stehlen. Und die ersten Epitaphe gibt der umsichtige und rührige Mann auch in Auftrag. Ob ihn da sein Freund und Gönner, Kaiser Maximilian I., angesteckt hat? Der läßt sich doch in seinem geliebten Innsbruck ab 1509 die „Schwarzen Mander" gießen, für das schönste und größte Kaisergrab auf deutschem Boden. Zu seinem „Gedechtnus" sollte das Werk sein. Es bleibt unvollendet, und Maximilian wird außerdem 1519 nicht in Innsbruck, sondern in der Burgkapelle zu Wiener Neustadt beigesetzt.

Erentraud Hertzhaimerin stirbt 1511, vermutlich in Aussee, vermutlich auch an der Geburt der Tochter Eufrosina. Es fehlen exakte Unterlagen. Fest steht, daß der Ritter Hans 1512 Walpurga von Trautmannsdorf heiratet. Diese stirbt 1520 auf Schloß Salmanskirchen, dem Mittelpunkt jener Herrschaft, die unserem Ritter von seiten seiner Mutter Veronika Pfäffinger zugekommen ist. Auch die Pfäffinger waren ein bedeutendes Adelsgeschlecht. Das sieht man schon an ihren Grabdenkmälern in der Salmanskirchner Pfarrkirche St. Johann Baptist. Zwei davon fallen besonders auf, erinnern auch an die tüchtigsten Pfäffinger: der Wappengrabstein für den 1503 gestorbenen niederbayerischen Erbmarschall Gentiflor Pfäffinger und der Rotmarmorepitaph mit dem lebensgroßen Bildnis des Degenhart Pfäffinger. Das kursächsische Wappen auf dem Stein weist auf seine Stellung als Kämmerer des Kurfürsten Friedrich des Weisen von Sachsen hin. Hohe Herrschaften! Da käme ein Ausseer Salzherr kaum noch mit. Der aber, unser Doppelwitwer und Zwiefachritter Hans III. Hertzhaimer, schreitet 1522 zum dritten und letzten Mal zum Altar. An seiner Seite diesmal eine Dame namens Ursula von Schneeweiß, die ihm noch vier Kinder schenkt, das letzte im März 1530, zwei Jahre vor seinem Tod. Der Hertzhaimer wird in Salmanskirchen beigesetzt, 68 Jahre lang hat er gelebt. Sein Geschlecht stirbt 1603 mit dem Enkel Chuno aus. Den betrauern seine fünf Töchter Regina, Susanna, Barbara, Sabina und Katharina.

Nun aber endlich zu Eufrosina. Vorausgeschickt sei, daß ihre Halbschwester Sidonia, 1518 geborene Tochter von Eufrosinas Stiefmutter Walpurga von Trautmannsdorf, nach deren Tod in ein Frauenkloster nach Graz kommt. Mit der Halbwaise Eufrosina hält es ihr Vater vorher auch nicht anders. In einem Fischerkorb, so heißt es, bringt er Eufrosina drei Jahre nach dem Tod von deren Mutter auf die Fraueninsel, gibt sie in die Obhut ihrer Tante, der Frau Äbtissin Ursula Pfäffinger. Diese, so wird berichtet, zieht ihre Nichte „mit großen vleis auf tugend" auf, mit so großer Wirkung, daß Eufrosina im Alter von zehn Jahren den Beschluß faßt, für immer im Kloster zu bleiben. Ein erzwungener Entschluß? Das muß nicht sein. Das Mädchen ist in ihrer Familie schon früh ein wenig unter die Schicksalsräder gekommen: Halbwaise, eine Stiefmutter, der Vater ein ständig auf Reisen befindlicher Tatmensch im Sinne der nun auch in Bayern heraufdämmernden Renaissance. Ist man da auf dem stillen Eiland Frauenchiemsee nicht wunderbar geborgen vor der Zeit und ihren Läuften? Auch vor erzwungener Heirat? So mag auch Eufrosina überzeugt gewesen sein, das bessere Teil erwählt zu haben.

Der Herzensfrieden des guten Mädchens wird im Herbst 1525 so empfindlich gestört, daß man schon von einem „Skandal auf Frauenchiemsee" sprechen könnte. Der Friedensbrecher ist ihr eigener Bruder Jordan, ihr um acht Jahre voraus. Man hat ihn auf die Hohe Schule geschickt, nicht an die vom Landshuter Herzog Ludwig dem Reichen gegründete Landesuniversität zu Ingolstadt, sondern auf die 1502 eröffnete Universität von Wittenberg, deren Stifter jener sächsische Kurfürst Friedrich der Weise ist, der in seiner auf Bildung und Belesenheit ruhenden Toleranz dem Doktor Martin Luther das reformatorische Wesen möglich macht. Daß nun Jordan Hertzhaimer gerade in Wittenberg studiert, kann leicht sein Onkel angebahnt haben, der Kämmerer des sächsischen Kurfürsten, dessen Grabdenkmal wir gerade in Salmanskirchen bewundert haben.

Wie auch immer, der Jordan hat Martin Luther gehört, war im Zentrum des Wandels und kommt mit neuen Ideen heim. So erscheint es ihm gleich einmal unerträglich, daß seine Schwester ihr ganzes Leben hinter Klostermauern verbringen soll. Vielleicht ist er am 13. Juni 1525 dabeigewesen, als der ehemalige Mönch Martin Luther in Wittenberg die ehemalige Klosterfrau Katharina von Bora geheiratet hat? Warum soll dann Eufrosina Hertzhaimerin nicht auch in völliger Freiheit leben können? Jedenfalls rudert er ein Vierteljahr nach Katharina von Boras Hochzeit, in der Nacht auf den 1. Oktober 1525, mit einem Freund namens Sebastian Daxenberger über den Chiemsee, dringt heimlich in das Benediktinerinnenkloster ein, holt die Vierzehnjährige aus ihrer Zelle und bringt sie bei Nacht und Nebel über den See an das Ufer einer Freiheit, von der wir nicht wissen, ob Eufrosina diese gewollt und gesucht hat. Spielt vielleicht doch Liebe mit? Ist das Herz dieses Sebastian Daxenberger entflammt für die blutjunge Novizin? Hero und Leander am Chiemsee, dem „Bayerischen Meer"?

Alles Spekulation. Tatsache ist, daß die Eufrosina ledig bleibt und daß sie nach fünf Jahren ins Kloster zurückkehrt, aus freien Stücken. Ihr Grabstein, der so bescheidene, unscheinbare, fast schon unleserlich gewordene, nennt uns nur ihren Namen, ihren Stand und daß sie „wirdig" gewesen ist, nicht wann sie geboren, nicht wann sie gestorben ist. Und schon gar nicht, was sie vielleicht gelitten, freilich auch nicht, was sie gefreut hat. Aber dieses Wort „wirdig" ist auch schon allerhand Mitteilung. Wir müssen es ja nicht als die bloße Floskel „ehrwürdig" ansehen, die man bei der Anrede einer Klosterfrau zu verwenden pflegt. Dieses „wirdig" steht ja auch vor ihrem Namen und nicht vor dem Titel „Klosterfrau". Also hat unsere Eufrosina das gehabt, was in unseren Landen mittlerweile jedermann verfassungsmäßig zusteht: Würde. Rühmlicheres kann auch auf einem ganzen Dutzend hochkünstlerischer Rotmarmorepitaphe von einem Menschen nicht gesagt werden.

Argula von Grumbach

oder die „Neue Judith" aus dem Tal der Schwarzen Laber

Oh ja, die hätte man gern gekannt, die „Neue Judith" aus dem Bayernland. Sie hat kein Schwert gebraucht, um ihren Holofernes zu treffen, jedenfalls keines aus Stahl. Ihr genügten Gänsekiel, Tinte und die zu ihrer Zeit noch junge Kunst des Buchdruckens. Und doch hat sie mit der Judith aus dem Alten Testament dies gemeinsam: Schönheit, Frömmigkeit und Mut. Ihr Holofernes war auch kein assyrischer General, sondern ein bayerischer Gelehrter: Doktor Johannes Eck, der sich nach seinem im Unterallgäu gelegenen Geburtsort Egg an der Günz nannte, Johannes Eccius, „der Ecker" also. Mayr war sein eigentlicher Name, Sohn eines Beamten der Reichsabtei Ottobeuren. An der bayerischen Landesuniversität zu Ingolstadt hatte dieser Doktor Eck, wie allgemein bekannt ist, den Lehrstuhl für Theologie inne, wurde Martin Luthers eifrigster Gegner und der fundierteste Feind der Reformation.

Die „Neue Judith" hieß Argula von Grumbach. Sie hat ihrem Allgäuer Holofernes, wie gesagt, nicht den Kopf abgeschnitten, ihm aber immerhin gezeigt, daß ein Gelehrtenschädel auch nicht mehr Hirn haben muß als ein schöner Frauenkopf. In Beratzhausen, zu ihrer wie zu unserer Zeit ein Marktflecken im höchst romantischen Felsental der Schwarzen Laber, nahe Regensburg, hat Argula ihre Heimat gehabt: die Burg Ernfels oder Ehrenfels, ein Rittergehäus, das im Dreißigjährigen Krieg endgültig zur Ruine geworden und heute nur noch an ein paar

Mauern und dem Graben erkennbar ist. Ihre Familie waren die Stauffer zu Ernfels, Reichsfreiherren, Reichsritter. Ihr Vater war Bernhardin der Ältere, ihre Mutter Catherine, geborene Gräfin Törring-Seefeld, uralter bayerischer Adel. In jenem Jahr, als der Doktor Eck zu Egg an der Günz das Licht der Welt erblickte, 1486, hat Catherine ihren Bernhardin geheiratet.

Argula ist kein alltäglicher Name, war es auch damals nicht, vor 500 Jahren. Alltäglich sind auch die Namen ihrer Geschwister nicht gewesen: Zormarina, Sekundilla, Gramaflanz, Marzell, Feraris, wobei Feraris eigentlich Feirefiz ist, der schwarzweiß gefleckte Halbbruder des großen Gralssuchers Parzifal. Aus Parzifals Welt und von der Tafelrunde des Königs Artus kommen diese Namen der Staufferkinder des wackeren älteren Bernhardin. Nur der Erstgeborene hieß allgemeinverständlich: Bernhardin, wie der Vater. Dieser Bernhardin der Jüngere erweist sich aber gerade als der Ritter alten Stils. Das Turnierbuch des Bayernherzogs Wilhelm IV. (der das Reinheitsgebot fürs Bier erlassen hat) zeigt den jungen Stauffer in einem 1541 von Hans Ostendorfer gemalten Bild als wahren Edelmann. Auf dem Bild sieht man, wie Bernhardin den Bayernherzog aus dem Sattel wirft, sich aber aus Respekt und zu Ehren des hohen Besiegten selbst vom Pferd gleiten läßt. Ein echter Sportsmann! Und dabei war der Herzog nicht einmal des Stauffers Landesherr, da dieser als Reichsfreiherr dem Kaiser direkt unterstand.

Argulas Name ist auch parzifalisch. Wolfram von Eschenbach erzählt sowohl im „Parzifal" als auch im unvollendet gebliebenen „Willehalm" von der schönen Herzogin von Logroys. Und die heißt mit ihrem Vornamen so wunderschön melodisch Orgeluse, Argula also. Der Reichsfreiherr Bernhardin Stauffer zu Ernfels hat seine Kinder wohl durch ihre Taufnamen an die guten alten Tugenden der hohen Ritterzeit gemahnen wollen, ihnen fürs ganze Leben sagen wollen, daß Träger solcher Namen die Lüge und die Unfreiheit nicht mögen und den Teufel nicht fürchten dürfen. Er selbst hat ja auch ein Leben lang das Recht verteidigt, auch das eigene und das seiner im Bayernland lebenden Standesgenossen. Zusammen mit seinem Bruder Hieronymus gehörte er zu den führenden Männern im Ritterbund der „Löwler", die sich unterm Zeichen des wehrhaften Tiers zur Verteidigung angestammter Freiheiten und Rechte gegen den Bayernherzog Albrecht den Weisen, Herzog Wilhelms IV. Vater, zusammengetan hatten und am Ende mit einigen Verlusten wieder zum Landesfrieden kamen. Da Ritter nicht nachtragend sind, findet man Hieronymus zu Ernfels später als Hofmeister Herzog Ludwigs X. wieder, eines Bruders Wilhelms IV. Als dieser Ludwig das kurz vorher von Herzog Albrecht eingesetzte Erstgeborenenrecht aufs Regieren gegenüber seinem älteren Bruder nicht anerkennen will, wird er offenbar von seinem Hofmeister, dem Stauffer, darin bestärkt. Als sich die herzoglichen Brüder dann doch 1516 einigen, macht man dem Hieronymus einen bösen Prozeß und legt ihm auf dem Salzmarkt zu Ingolstadt den Kopf vor die Füße. Dabei war die Haupttreiberin des Regentenstreits die Mutter der beiden Kontrahenten, Kunigunde, eine Schwester Kaiser Maximilians I. Und damit man sieht, wie sehr die Reichsfreiherren von Ernfels auch herzoglich-bayerisch verbunden waren, sei gesagt, daß bei eben dieser Witwe Kunigunde unsere junge Argula als Hoffräulein diente, wobei sie später die tiefe Frömmigkeit der alten Dame bewundernd hervorhebt.

Argula also einige Zeit Hoffräulein in der Münchner Neuveste, der heutigen Residenz, ihr Onkel Hieronymus kopflos auf dem Salzmarkt zu Ingolstadt. Ihr Bruder aber, Bernhardin der Jüngere, der die Herrschaft Ernfels übernimmt, wird sehr früh ein Anhänger Martin Luthers, seine Schwester Argula desgleichen. Die Stauffer, die offenbar nichts halbherzig betreiben wollen, machen ganze Sache: 1521 treten sie zur neuen Konfession über und machen ihren Hauptort Beratzhausen bald zu einer der ersten evangelischen Gemeinden. Bernhardin tat jenen Schritt, nachdem er am 18. April 1521 auf dem Reichstag zu Worms von seinem ihm zustehenden Reichsständeplatz aus Martin Luther, die „Wittenberger Nachtigall", mutig für seine Sache reden gehört hatte.

Die katholischen Geistlichen, die Argulas jugendliche Seele zu betreuen hatten, wußten es gleich, daß da nichts Gutes dabei herauskommen kann, wenn Laien in der Bibel lesen. Und das haben die jungen Stauffer getan, auch Argula, wenn auch wenig, weil ihr die Klerisei, wie gesagt, Angst gemacht hat: Mit dem Bibellesen beginne die Lust zur Auslegung, und darin liege die Gefahr der Ketzerei. „Ich brauch mich der Bibel", schreibt sie in späteren Jahren, „welche mir mein lieber Herr Vater so hoch befahl zu lesen, und gab mir dieselbe, da ich zehn Jahre alt war. Hab ihm aber leider nicht gefolgt aus Verführung der Geistlichen."

Aus Argula zu Ernfels wird dann Argula von Grumbach. Sie heiratet Friedrich von Grumbach, den herzoglich-bayerischen Pfleger zu Dietfurt im Altmühltal, einen bayerischen Beamten also, wenn dieser auch aus Franken stammt, wo seine Familie das Schloß zu Rimpar besitzt und noch einiges andere dazu. Wie man erfahren kann, war sie eine wahrhaft christliche Ehefrau, sorgte sich auch um die Verwaltung eines Grumbachschen Gutes in der Hofmark Lenting bei Ingolstadt und hätte ganz gewiß ihrem Gemahl ein Leben lang keinen Kummer und Ärger gemacht. Wenn, ja, wenn da nicht diese Geschichte des jungen Arsacius Seehofer gewesen wäre. Um dieses Mannes willen hat Argula von Grumbach beileibe nichts Ehebrecherisches begangen, auch – wie schon gesagt – keinem Holofernes den Kopf abgeschnitten, mußte aber doch die „Neue Judith" werden, die der männlichen Feigheit weiblichen Mut entgegensetzte. Die männliche Feigheit wurde nicht von dem jungen Magister Arsacius Seehofer personifiziert, im Gegenteil. Der Sohn aus einer Münchener Bürgerfamilie (der schon wieder so einen seltsamen Vornamen hat) hatte zuerst beim Doktor Eck in Ingolstadt studiert, war aber dann – neugierig, wie die Jugend auf sensationelle Leute ist – an Martin Luthers Wittenberger Universität gegangen. Nach Ingolstadt zurückgekehrt, lehrte er als Magister anders als der Doktor Eck, wurde verhaftet und leistete nach argen Verhören, einiger Folter und Androhung des Scheiterhaufens den verlangten Widerruf. Am Ende versteckte man den armen Arsacius in der Klosterhaft zu Ettal.

Argula von Grumbach, die oft auf dem Hofmarksgut zu Lenting weilte, hörte von dieser höchst traurigen Geschichte und handelte zunächst wie eine Frau des 16. Jahrhunderts: Sie schwieg, nicht zuletzt, weil sie aus der Bibel gelesen hatte, daß das Weib in der Gemeinde zu schweigen habe. Als sich aber kein männlicher Mut für den erst 18 Jahre alten Seehofer einsetzte, da begann sie zu reden, weil es ihr das Gewissen befahl. Sie schrieb an die Universität und den Rat von Ingolstadt, an Herzog Wilhelm in München und an Sachsens Kurfürsten Friedrich den Weisen, Martin Luthers Landes- und Schutzherrn. Das wird auch alles bald in Flugblättern und offenen Briefen gedruckt: „Wie eyn christlich Fraw des adels in Baiern durch Jren jn göttlicher Schrift wohlgegründten Sendtbrief die Hoheschul zu Ingolstadt, umb das sie einen Evangelischen Jüngling zu Wydersprechung des worts Gottes bedrengt haben, strafet."

Die mutige Pflegersfrau fordert von der Universität, daß man dem jungen Menschen nicht mit dem Feuertod drohe, sondern ihm ein väterliches Gespräch widme. Menschen dürften sich über die Gotteslehre nicht erheben, meint Argula. „Der Geist Gottes wird wohl Schulmeister sein und das rechte Urteil fällen, des will ich warten, denn es steht Jesaia 30: ‚Gott ist ein Herr des Urteils, alle sind selig, die seiner harren.'" Und an ihre Leserschaft wendet sie sich mit der Aufforderung: „Richtet selbst, obs vor Gott recht sei, daß wir euch mehr gehorsam sein sollen denn Gott." Sie tritt auch mit Martin Luther in Briefverbindung, der sich nun ebenfalls für den Fall Seehofer einsetzt, nach seiner Art und in der Art seiner auch sprachlich deftigen Zeit: „Man hat bisher die Baiern als Säue verspottet. Nun hoff ich, wird es besser mit ihnen werden, denn es dünkt mich, alle Säue im Baiernland sind in die berühmte hohe Schule gen Ingolstadt gelaufen und Doktores und Magistri geworden, so das hinfort im Baiernland eines besseren Verstandes zu hoffen ist. Erlöse und behüte Gott das Baiernland vor diesen elenden blinden Sophisten."

Doktor Johannes Eck zu Ingolstadt sparte auch nicht mit Worten, schickte der Grumbacherin zunächst einen Spinnrocken, damit sie erkenne, welches Amt und welche Arbeit ihr zustehe, nannte sie dann ein „schändliches Weib" und kam natürlich nicht ihrem Verlangen nach einer öffentlichen Disputation nach. Ihre und Martin Luthers Anhänger aber nannten sie die „Neue Judith", die für die Reinheit des Glaubens mit allem eintrete, was sie sei und habe. Dieser sicher recht ehrende Beiname für seine Frau nützte freilich Argulas Ehemann Friedrich von Grumbach wenig. Er bekam nur Schwierigkeiten in seiner Position als Pfleger von Dietfurt. Höchste Anweisungen kamen aus München, von den Herzögen Wilhelm und Ludwig. Der bedrückte und sicher auch über sein Eheweib erzürnte Grumbach konnte da lesen: „... daß er sein hausfraw darum strafen sollt, ihr zween finger abhauen und ob er sie gleich ganz erwürget, sollte er daran nicht gefrevelt haben."

Nun, Friedrich von Grumbach war auch ein Ritter, gleich den Stauffern zu Ernfels. Er hat der Argula weder zwei Finger abgehackt noch sie erwürgt. Er verlor am Ende seinen guten Posten als Pfleger und starb 1529. Also mußte er es nicht erleben, daß seine Argula sich 1530 auf eine weite Reise machte und ihren Martin Luther besuchte, als dieser ein halbes Jahr auf der sächsischen Veste Coburg den Ausgang des Augsburger Reichstages abwartete. Nach ihrem Besuch bei ihm nannte sie der Reformator „ein gar sonderlich Werkzeug Gottes". Sie aber, die Argula von Grumbach, hatte sich nun so weit exponiert, daß sie sich in bayerischen Landen nicht mehr halten konnte. Sie zog auf die Güter ihres verstorbenen Mannes nach Franken, wurde dort freilich auch vom Würzburger Fürstbischof durch den Einzug einigen Vermögens bedroht und starb schließlich 1554 auf dem Schloß Zeilitzheim bei Schweinfurt. Vielleicht hätte sie besser nach Regensburg ziehen sollen, in die Freie Reichsstadt, wo die Stauffer zu Ernfels schon immer ein Stadthaus hatten, den „Staufferhof". Als Reichsadelige waren sie nicht den Gesetzen des Regensburger Rates unterworfen. Ihr Hof in Regensburg war ein „Freihaus", in dem Argulas Bruder Bernhardin ab 1542 Gottesdienste nach dem Ritus des neuen Glaubens halten ließ. Aber vielleicht war unserer Argula auch Regensburg mit dem Sitz eines Fürstbischofs und den bayerischen Landen vor den Toren zu unsicher.

Argula aus Beratzhausen. Ein Frauenschicksal im Zeichen von Überzeugung und Gerechtigkeitsliebe. Eine unerschrockene Wanderin „zwischen Erd- und Himmelreich". Vier Jahrhunderte nach ihr kommt in Beratzhausen im Haus eines Blaufärbers Gottfried Kölwel zur Welt, wird ein Dichter und schreibt zwar nicht für Argula von Grumbach, aber immerhin so, daß er ihr gewidmet sein könnte, den Vorspruch zu seinem dramatischen Werk „Der Hoimann". Und da ist von diesem Wandern zwischen hier und dort die Rede:

> „Es geht der Mensch, dem Wandrer gleich,
> stets zwischen Erd- und Himmelreich,
> er ahnt das Oben, ahnt das Unten,
> er wird erfreut und wird geschunden,
> er lacht und weint, er steht und fällt,
> solang er lebt in dieser Welt."

Sor Emanuela Teresa

oder wie eine bayerische Prinzessin das Kloster der Residenz vorgezogen hat

Es ist in der Geschichte keine Besonderheit, wenn die Tochter eines Fürsten, noch dazu eines bayerischen, die Klosterzelle dem Hochzeitsbett vorzieht. Dies war sogar nicht selten Teil der Hauspolitik eines Fürstengeschlechts. Doch will man es einfach nicht so recht glauben, daß eine Tochter des „Blauen Kurfürsten", des Kurfürsten Max Emanuel, der als Personifikation barocken Fürstenleichtsinns und lebemännischer Sinnenfreude gilt, die Klosterzelle als erstrebenswertes Ziel empfindet. Dazu kommt noch, daß auch die Mutter recht lebenslustig, ja exzentrisch ist: Therese Kunigunde, Max Emanuels zweite Gemahlin, robuste Tochter des Polenkönigs Johann Sobieski und Mutter mehrerer Kinder. Und doch: „Madame la Princesse", Maria Anna Carolina, verläßt 1719 an einem Oktobertag die Münchner Residenz und zieht als Novizin hinüber in das Frauenkloster Sankt Klara bei Sankt Jakob am Anger, heute eine angesehene Bildungsstätte für Mädchen, geführt von den Armen Schulschwestern. Ein Jahr darauf legt Maria Anna Carolina die Profeß ab und ist fürderhin, bis zu ihrem Tod im Jahr 1750, nur noch „Sor Emanuela Teresa". Ihr Klostername spricht für ihre große Kindesliebe, wählt sie doch die Namen von Vater und Mutter.

Wer so richtig nachdenklich werden will – nachdenklicher, als es Prinzessin Maria Anna Carolina von ihm verlangt hätte – muß sich zwei Bilder der Bayerischen Staatsgemäldesammlung anschauen. Zuerst das liebliche Kinderbild Martin Maingauds, das die etwa acht Jahre alte Prinzessin wie eine leichte Federwolke in Begleitung eines Schoßhündchens zeigt. Es hängt heute im Schloß Lustheim, das zum Schloßkomplex von Schleißheim gehört. Dieses freundliche Kind soll einmal hinter Klostermauern leben wollen? Obwohl – es lächelt nicht, was aber sicher der starren Haltung zuzuschreiben ist, die dem Kind vom Maler Maingaud aufgetragen wurde. Das andere Bild, Jacobo Amigoni hat es gemalt, hängt im Schloß Schleißheim selbst und zeigt die verwandelte Prinzessin, die Sor Emanuela, die Klarissin. Kein sehr entrücktes Gesicht, aber eines, das ausdrückt: „Jawohl, so ist's mir schon recht."

Das Kinderbild hat die Inventarnummer 2777, das Nonnenbild 2480. Dies für alle, die gern hinter nüchternen Zahlen mehr sehen. Und zwischen den beiden Bildnummern liegt ja auch ein Schicksal, zu dessen näherer Erklärung ein drittes Bild hervorragend dienen kann, ein Großgemälde, das so recht dem Geschmack des „Blauen Kurfürsten" (so haben die türkischen Soldaten Max Emanuel respektvoll genannt, die ihn in seiner blauen Uniform vor Belgrad und Wien als gefährlichen und persönlich wagemutigen Gegner fürchten lernten) entspricht: Auf gut und gern 30 Quadratmetern Leinwand wird jene Szene auf Schloß Lichtenberg am Lech gezeigt, in der sich 1715 der Kurfürst nach dem Spanischen Erbfolgekrieg endlich wieder mit seiner Familie vereint. Der aus Lyon stammende Hofmaler Joseph Vivien bietet Götter und Genien als Zeugen der ebenso feierlichen wie rührenden Szene auf. Justitia höchstpersönlich gibt dem aus der Reichsacht heimkehrenden Kurfürsten den ihm im verlorenen Krieg abgesprochenen Kurhut zurück, während ihm sein ältester Sohn, Kurprinz Karl Albrecht, voll galanter Ehrerbietung die Hand küßt. Von der linken Bildseite her bringt keine Geringere als Göttin Athene die zu der Zeit 19 Jahre alte Prinzessin Maria Anna Carolina zu den Eltern hin. Aus allen Richtungen ist ja damals die bayerische Kurfürstenfamilie nach Jahren der Trennung angereist: Der Vater aus Brüssel, die Mutter aus Venedig, die Söhne aus Graz. Maria Anna kam als einzige aus München, wo sie von ihrem zehnten Lebensjahr an das Haus Wittelsbach sozusagen ganz allein vertreten hat. Ein einsames Mädchen in der großen Residenz, umgeben von den feindlichen österreichischen Besatzern, gleichsam deren Gefangene. Ohne Glanz ist ihr Leben freilich nicht. Zahlreiche Hofdamen sind um sie herum, hundert Diener sind ihr beigegeben und 62 Pferde, auch hat die kleine Prinzessin einen Kaplan, einen Arzt, einen Lehrer für Sprachen und einen für den Tanz, und selbst an Nachtigallen mangelt es ihr nicht, von denen sie vier hat.

Vielleicht sind es die einsamen Jahre in dem großen fürstlichen Haus, die in Maria Anna Carolina den Gedanken ans Kloster wach werden lassen. Vielleicht fürchtet sie gar die Sünden des Vaters, aber dazu ist vielleicht auch sie viel zu sehr ein Kind des Absolutismus, das allerdings einen ganz gewaltigen Respekt vor den fürstlichen Eltern hat. Als da zum Beispiel nach zehnjähriger Abwesenheit die Mutter von Venedig her naht, bekommt „Madame la Princesse" es mit einer seltsamen Angst zu tun, über die ihr Beichtvater der Mutter einen Brief entgegensendet: „Sie spricht nur von Votre Altesse. Hat Angst, Sie würden sie nicht mögen, wenn Sie sie für ihr Alter so klein erblicken; daß sie trachten wird, durch ihre Folgsamkeit ihre körperlichen Fehler auszugleichen."

Das kann es nun wohl sein, die Furcht, eine ungeliebte, weil nicht strahlend schöne Braut zu werden. Und so wird sie eine „himmlische Braut", deren Brautführer zum Klostertor die Brüder Karl Albrecht und Clemens August sind. Zwei recht bemerkenswerte Brautführer sind das. Der eine, Karl Albrecht, wird Kurfürst von Bayern und – allerdings gegen die Habsburgerin Maria Theresia – deutscher Kaiser, der andere, Clemens August, jetzt 19 Jahre alt, ist schon seit drei Jahren, noch ohne Priesterweihe, Fürstbischof von Regensburg, wird noch Fürstbischof von Münster, Paderborn und Hildesheim und geistlicher Kurfürst von Köln. Er ist es, der den Bonner Politikern ihre großen Schlösser für Staatsempfänge hinterläßt, mit denen diese zwei Jahrhunderte später ihren hohen Gästen imponieren. Maria Anna Carolina, eines fünffachen fürstlichen Bischofs Schwester, legt ein Jahr nach ihrem Eintritt die Profeß ab. Der kurfürstliche Vater bringt das „dote", die dem Kloster zustehende Mitgift, ins Klarissenkloster am Anger in München. Es handelt sich um nicht weniger als 100 000 Gulden. Von der Kurfürstin Therese Kunigunde wird berichtet, daß sie nach der Profeßfeier bis Mitternacht bei ihrer Tochter geblieben ist. Was sie wohl miteinander geredet haben?

Um der ganzen Sache keinen falschen, unangebrachten dramatischen Akzent zu geben, müssen auch jene Berichte erwähnt werden, die ein wenig nach Beschwerde klingen: In der Zelle der Sor Emanuela Teresa sei es hin und wieder unziemlich laut zugegangen, was auf Besuche zurückzuführen gewesen sei. Nun ja, bei einem „dote" von 100 000 Gulden hat man eben ein wenig die Augen zudrücken und die Ohren verstopfen müssen, wenn jetzt hier auch nicht der dumme Verdacht erregt werden soll, daß diese Besuche unziemlicher Art gewesen wären. Aber des Vaters Lust am Leben könnte sich eben in der Tochter bis ins Kloster hinein vererbt haben. Maria Anna wird ganz gewiß eine fromme Sor Emanuela gewesen sein, die in diesem Punkt ihrem Vater voraus war. Der hat sich seine büßerische Magdalenenklause erst kurz vor dem Tod in den Park von Nymphenburg stellen lassen. Sein Beichtvater berichtet aber mit großem Ernst: „Er lebte wie ein Christ und starb wie ein Heiliger." Wer möchte auch schon den ersten Stein auf diesen „Blauen Kurfürsten" der bayerischen Barockzeit werfen? Maria Anna Carolina, die ob seiner Politik statt Familiengeborgenheit das hatte, was man heute eine „verpfuschte Kindheit" nennt, warf den Stein ja auch nicht. Im Gegenteil, wie nach all dem anzunehmen ist.

Johann Georg Üblher

oder eines Wessobrunners traurige Engeln

Wer kummervollen und beladenen Herzens nach Maria Steinbach reist, um dort Trost und Fürbitte zu erflehen, dem wird es recht unwichtig sein, ob sein Weg an grünen Matten vorbeiführt oder ob ihm der erste Novemberschnee naß ins Gesicht schlägt. Wer aber in erster Linie kommt, um das Stück Schönheit und Festlichkeit zu sehen, das von Menschenhand zu göttlicher Ehre gebaut worden ist, der sollte im Mai kommen. Und da nicht zu spät! Das Gras, die Weide, darf noch nicht geschnitten sein. Dann sind die Wiesen im Illerwinkel um Maria Steinbach nicht nur sattgrün, sondern auch gelb vom Löwenzahn und passen so schön zu der Wallfahrt auf dem Hügel, zu dem Gotteshaus, das weit ins Allgäu hinausleuchtet.

Die Festlichkeit von Maria Steinbach beginnt mit dem Weg. Ob man von Legau herkommt, dem an Vieh so reichen Marktflecken, ob man vom Bahnhof Lautrach heraufwandert, dem längst die Geleise verlorengegangen sind, oder ob man die verborgenen Wege aus dem Illergrund gesucht hat, immer freut sich das Herz und nicht minder das Auge, wenn die Kirche mit ihrem hellen Mauerwerk aus dem Grün der Bäume und Wiesen in das Himmelsblau wächst. Eine Überraschung ist das immer, weil sich Maria Steinbach eigentlich nur im vorletzten Augenblick sehen läßt. Bei all ihrer krönenden Lage auf einem Hügel über dem Dorf Steinbach ist diese Kirche nicht eine von denen, die schon aus großer Entfernung locken. Das Hügelauf und Hügelab der Landschaft des Illerwinkels (so heißt man das

Gebiet südlich von Memmingen, um Illerbeuren, Legau und Bad Grönenbach) ist sicher daran schuld und der Wald auch, der zum Schloß Kronburg gehört und der hier überall den Blick begrenzt. Um so mehr erscheint Maria Steinbach als Kleinod, eingebettet in die grasgrüne Schatulle des Allgäus.

Ist man im Dorf angelangt, so ist die nächste Überraschung nicht weit. Aufwärts führt der Weg zum engeren Kirchenbezirk, ein Torbogen wölbt sich über dem Zugang, und dann steht man in dem heimeligen Geviert, das Pfarrhof, Mesnerhaus, Wirtschaftsgebäude und Kirchenfront bilden. Die Mitte des Hofes nimmt eine Mariensäule ein. Dieser geschlossene, enge Hof ist wie eine Aufforderung, jetzt einmal das Draußen zu vergessen, den Blick nach oben zu wenden. Steil, fast schwindlig steil gleitet er über die Pracht der westlichen Kirchenfassade hinauf. Diese Fassade! Wen hat sie noch nicht überrascht, ja schier erschreckt? Das kommt wie in Kaskaden auf den Besucher zu, fließt, stürzt, löst sich auf, gipfelt hoch oben in einem gedrungenen Turm, ist bei allem Stürzen und Fließen doch so viel Zucht und Disziplin, daß Harmonie daraus geworden ist. Eine Rokokowand, wie man sie nur selten findet.

Lange konnte man den Baumeister von Maria Steinbach nicht erfragen, und jedermann wunderte sich, daß da vor erst zweieinhalb Jahrhunderten (1749) mit dem Bau dieser Kirche begonnen wurde und niemand heute weiß, wer sie gebaut hat. Johann Georg Herkomer aus Füssen, meinten die einen, Dominikus Zimmermann (der die „Wies" gebaut hat), sagten die anderen. Der Pfarrer vom benachbarten Markt Legau hat vor einigen Jahren des Rätsels Lösung gefunden: Der Prämonstratensermönch Benedikt Stadelhofer, damals Seelsorger in Steinbach und später Abt seines Klosters Rot an der Rot, zu dem Steinbach gehörte, hat sich da so erfolgreich als Baumeister versucht. Dem Benedikt Stadelhofer haben sicher Pläne berufener Architekten zur Verfügung gestanden. Er hat davon genommen, was ihm gefiel und hat sicher auch Eigenes hinzugefügt. So entstand jener seltsame Mischstil, der jedem auffällt: In den unteren Regionen noch schwerer Barock, nach oben zu aber wird alles zum verspielten Rokoko, löst sich im Gewölbe in lauter Licht, Stuck und Malerei auf.

Freilich, das Rokoko kennt Kirchen mit größerer Heiterkeit. Das sollte in Maria Steinbach vielleicht gar nicht so sein, da ja die Mitte all der goldenen und farbigen Pracht das riesenhafte Kruzifix ist, das über dem Opferaltar vom Chorbogen herunterhängt und den Blick des Eintretenden auf sich zieht. Als Wallfahrt zu einem Kreuzpartikel hat Steinbach seinen Anfang genommen, ehe das Bild der Schmerzhaften Muttergottes große Verehrung erlangte. Das füllte bald Mirakelbücher mit beglaubigten Gebetserhörungen, aufgezeichnet als „Unerschöpflicher Gnadenbach, neuerdings entsprungen zu Maria Steinbach".

Das verehrte Standbild der Schmerzhaften Muttergottes steht auf dem Gnadenaltar unter dem großen Kruzifixus. Zu beiden Seiten des Chorbogens sind alle versammelt, die unters Kreuz gehören, auf Golgatha, an das Felsengrab. Die Mutter Jesu, der Lieblingsjünger Johannes, Veronika mit dem Schweißtuch, der römische Hauptmann Longinus mit der Lanze, Nikodemus mit dem Salbgefäß und jener brave Joseph von Arimathia, der sein Grab zur Verfügung gestellt hat. Königin dieser Versammlung unter dem großen Kreuz ist die Muttergottes, vom Schwert der Schmerzen durchbohrt, königlich in der Haltung, geschmückt mit einer schier bombastischen Krone. Engel schwirren zu ihren Füßen, und an allen Wänden in der Kirche sind die Schmerzen Mariens und die Wunder, von denen man in Maria Steinbach gehört, aufgemalt, wenn der Künstler nicht – wie im Hauptgemälde – vom Sieg des Kreuzes erzählt.

Die Namen derer, die den großen Kirchenraum von Maria Steinbach geschmückt haben, sind bekannt. Franz Georg Hermann, Hofmaler des Kemptner Fürstabtes, schuf die Fresken, Johann Georg Üblher aus Wessobrunn war der Bildhauer und Stukkateur. Am 23. März 1703 kam er in Gaispoint bei Wessobrunn, dem großen bayerischen Barock- und Rokoko-Künstlerdorf, zur Welt, am 27. April 1763 ist er gestorben, in Maria Steinbach, mitten in seiner Arbeit an der Wallfahrtskirche, kurz vor der Vollendung dieses Werks. Sein Eintrag im Steinbacher Sterberegister meldet einen raschen Tod, innerhalb von drei Tagen, nach einem Schlagfluß, dazu: „Vir vere pius et devotus erga Beata Virgine Maria". Ein frommer Mann also, der Jungfrau

Maria ergeben. Ein recht plötzlicher und unerwarteter Tod, der den Stukkatorer und Bildhauer Johann Georg Üblher zu Steinbach im Illerwinkel da ereilt hat. Hatte er denn nicht seit vier Jahren jenen Akkord in der Tasche, der ihn zusammen mit den beiden ebenfalls aus Wessobrunn stammenden Brüdern Franz Xaver und Johann Michael Feichtmayr gleich nach der Arbeit von Maria Steinbach nach Vierzehnheiligen an den Obermain geholt hätte, um Balthasar Neumanns gewaltige Wallfahrtskirche mit Ornament und Plastik zu schmücken, vor allem aber um den berühmten Gnadenaltar zu schaffen, der das optische Zentrum dieses Gotteshauses bildet? Am Beginn eines ganz großen Werkes also, und gerade in der Vollendung der auch nicht kleinen Arbeit zu Maria Steinbach, wird er abberufen. Die irdischen Himmelssäle darf er nicht mehr ausschmücken. Dabei wird er sich gewiß bei der Arbeit in Steinbach schon viele Gedanken gemacht haben, wie das nun droben in Vierzehnheiligen alles werden solle.

Wer das Werk Johann Georg Üblhers in Maria Steinbach betrachtet, wird vor der Kunstfertigkeit dieses Mannes den Hut ziehen. Freilich, Üblher war kein Ignaz Günther, kein begnadeter Einzelgänger wie dieser. Üblher war „Wessobrunner". Und Wessobrunn, das war eine Art Schule, die jedem, der dazugehörte, eine Mindestfertigkeit verschaffen konnte, dem Begabten – Üblher und seine beiden Feichtmayr gehörten zweifellos sogar zu den Hochbegabten – das Besondere möglich machte. Ignaz Günther kam aus der Schreiner- und Schnitzerwerkstatt seines Vaters im künstlerisch abgelegenen Altmannstein im Schambachtal und erlangte im höfischen München seine Reife; Johann Georg Üblher kam aus der kunsthandwerklichen Sonderlandschaft von Wessobrunn im „Pfaffenwinkel", wo das Können unter den Untertanen des gleichnamigen Klosters sozusagen von Haus zu Haus weitergegeben wurde. Als er sich daheim in den wichtigsten Fertigkeiten geübt hatte, kam Üblher als Gehilfe in die Residenzstadt München, konnte an der Seite eines Genies lernen und arbeiten: Johann Baptist Zimmermann. Der war ihm nicht fremd, der war von ihm daheim, auch aus dem Klosterdorf Wessobrunn-Gaispoint. Nur war Zimmermann zwanzig Jahre älter als Üblher und konnte daher sein Meister sein. Regiert wurden die zwei und alle ihre Kollegen ja von einem ganz Großen, der allerdings ganz klein war, von Figur: von François Cuvilliés, der zunächst als Hofzwerg gedacht war und dann Hofarchitekt wurde. Unter seiner Leitung arbeitete Üblher am Ausbau der Münchner Residenz, Seite an Seite mit fertigen Könnern wie eben Johann Baptist Zimmermann. Der nimmt ihn um 1730 auch mit nach Alteglofsheim bei Regensburg, damit er im dortigen Schloß die „Schönen Zimmer" stuckiert, das ländliche Pendant zu den „Reichen Zimmern" die im selben Zeitraum in der Münchner Residenz entstehen.

Johann Georg Üblher wird kein Johann Baptist Zimmermann, den er vielleicht um sein überragendes Doppelkönnen als Stukkatorer und Freskomaler beneidet haben mag. Doch war er selbst ja auch beneidenswert, allein schon um all die künstlerischen Begegnungen in seiner gut vier Jahrzehnte währenden Stuck- und Bildhauerarbeit. Den Zimmermann an der Arbeit zu sehen, die beiden Asam, dann den Augsburger Akademiedirektor Johann Georg Bergmüller und dessen noch größeren Nachfolger Matthäus Günther, zwei Maler, die er ganz gewiß bewundert hat! Was mag da für ein Schwung an diesen Baustellen gewesen sein! Einer wird den anderen mitgerissen haben, und das selbst dann, wenn es hin und wieder eine Art kunsthandwerkliches Fingerhakeln gewesen sein kann, bei dem man sich in der gut-bayerischen Art eben gegenseitig auf alle Fälle übertrumpfen hat wollen. Denken läßt es sich aber schon, daß sich ein Johann Georg Üblher bewußt war, daß er nicht neben, sondern einen Schritt hinter den Genialischen steht. Könnte er heute in der einschlägigen Literatur blättern, sähe er gewiß ein, daß man über ihn etwas weniger Zeilen schreibt als über die Zimmermanns, die Asams oder den Ignaz Günther.

Wenn dem Stukkatorer Johann Georg Üblher auch bald eine eigene Werkstatt mit Gesellen und Schülern zur Verfügung steht, eine Werkstatt, die nach seinem Tod immerhin in der Lage ist, doch noch die vortrefflichen Nothelferfiguren für den Gnadenaltar von Vierzehnheiligen zu liefern, und wenn er sich auch immer wieder mit der Wessobrunner Stukkatorerfamilie der Feichtmayr zusammentut, quasi zu einer „ARGE Feichtmayr/Üblher", so hat er in den etwas mehr als 40 Jahren seines Wirkens – Meisterjahre werden es ja nicht viel mehr als die Hälfte davon gewesen sein – doch eine Mordsarbeit getan. Zuerst die Münchner Residenz, eher Lehrjahre noch für den bereits Dreißigjährigen, dann taucht er mit Franz Xaver Feichtmayr dem Älteren und dessen Bruder Johann Michael (in diesem Fall „dem Jüngeren", in der Kunstgeschichte auch „Johann Michael II" genannt) auf der Baustelle der Dießener Stiftskirche auf, ist in der Wallfahrtskirche „Herrgottsruh" zu Friedberg bei Augsburg am Stuck beteiligt. Zu Augsburg wird er gewiß auch bald einen Wohnsitz gehabt haben, gleich seinen Feichtmayr-Kompagnons, die dort nachweisbar Hausbesitzer gewesen sind.

Das Leben von Stukkatorern war dazumal mindestens so „mobil", wie es heute das Leben gefragter Restauratoren und Kirchenmaler ist. Heuer da, nächstes Jahr dort und nicht selten sogar im mehrmaligen Wechsel zwischen da und dort, je nachdem, wie es der Baufortschritt und der Fluß der Geldmittel notwendig gemacht haben. 1744 wird Üblher erstmals als Hofstukkatorer des Fürstabtes von Kempten genannt, dann wieder 1758. Dazwischen war er mehrmals in Franken, arbeitete an der Abteikirche von Amorbach, zusammen mit Johann Michael Feichtmayr.

Vor Amorbach hatte Üblher einen Akkord für Münsterschwarzach, nahe der Mainschleife bei Volkach. Da muß er den getroffen haben, der, wäre er nicht zu früh gestorben (1740, mit 31 Jahren), es dem Würzburger Fürstbischof unnötig gemacht hätte, für seine Residenz-Fresken im Jahr 1750 das Genie Giovanni Battista Tiepolo aus Venedig an den Main zu holen: Johann Evangelist Holzer aus Burgeis im Vintschgau, der – wie man in unserem Jahrhundert anfing, ihn zu nennen – „deutsche Tiepolo". Holzers Fresken in Münsterschwarzach, sein erster und zugleich letzter wirklich großer Auftrag, sind nicht mehr, Üblhers Stuck und Altarfiguren für die damalige Benediktinerklosterkirche sind ebenfalls zerstört. Nein, nicht der Bombenkrieg. 130 Jahre früher: die Säkularisation. Verkauf auf

Abbruch. Man muß heute zur Partenkirchner Antonius-Wallfahrtskirche reisen, um am dortigen Deckenfresko Holzers sich vorstellen zu können, welchem Genie der Üblher da in Münsterschwarzach beim Malen zuschauen konnte, falls ihm seine eigene Arbeit die Zeit dazu gelassen hat.

Münsterschwarzach im fränkischen Weinland, Amorbach im heute bayerischen Teil des Odenwaldes, dann, zusammen mit Johann Michael Feichtmayr, das „Käppele" in Würzburg, die so aussichtsreich über der Bistums- und Weinmetropole gelegene Wallfahrt „Mariä Heimsuchung". Das muß um das Jahr 1750 gewesen sein. Also war Üblher zwischen Amorbach und dem „Käppele" drunten im Gebirge. Dahin ruft ihn sein Schwiegervater, der Wessobrunner Baumeister Joseph Schmuzer, dem der eilige Wiederaufbau der 1744 ausgebrannten Abteikirche Ettal übertragen war. Mit seinem Schwager Franz Xaver Schmuzer besorgt Üblher die neue Stuckdekoration. Seine alleinige Leistung ist dabei die kostbare Fassung der von allen Besuchern bewunderten Orgelempore. Da sieht man, daß der Üblher mittlerweile ein ganz Großer und Reifer geworden ist.

Von Ettal bricht Johann Georg Üblher 1753 zum Ammersee, nach Andechs, auf. Hier ist es nun sein einstiger Lehrmeister Johann Baptist Zimmermann, der ihn benötigt. Zimmermann ist mittlerweile 70 Jahre alt, der einstige Gehilfe hat den Fünfziger auf dem Buckel. Was haben sie auf Bayerns „Heiligem Berg" Kostbares gemacht! Ob sie auch hin und wieder die schweren Krüge mit dem Klosterbier gestemmt haben, Zimmermann mit der farbfleckigen Hand des Freskomalers, Üblher mit der gipsweißen Hand des Dekorateurs? Man kann sich das schon denken. Da könnte man die zwei Wessobrunner schier beneiden, freilich nicht nur um die schäumenden Bierkrüge, sondern schon mehr um das Ergebnis ihrer Künste.

Altbayerischer „Pfaffenwinkel" mit Ettal und Andechs, Rokoko in Weinfranken und immer wieder nach Schwaben, in die Residenz des hochadeligen und vornehmen Fürstabtes zu Kempten. Kaum den Münchner Lernjahren entwachsen, bringt Johann Georg Üblher seine noch ganz frischen Anregungen Cuvilliés', Zimmermanns und der Asams mit, stattet so zwischen 1735 und 1760, Seite an Seite mit dem dortigen Hofmaler Franz Georg Hermann immer wieder Prunkräume des Fürstabtes Anselm Reichlin von Meldegg aus, hat auch mehrmals in der Abteikirche St. Lorenz zu tun.

Als Vierzigjähriger wird Üblher ins Oberösterreichische gerufen. Er trägt Dekoration und Figurenschmuck zum Neubau der abgebrannten Abteikirche der Zisterzienser zu Wilhering bei. Die Wilheringer rufen ihn fast zwanzig Jahre später noch einmal, diesmal für den Neubau der Kirche ihres Filialklosters Engelszell bei Engelhartszell, an der Donau gelegen. Wer wissen und sehen will, wie ein der Kunst ergebener Mensch an seiner Arbeit reif werden kann, muß sich nur diese zwei anschauen, Wilhering und Engelszell. Wilhering in heiterer, geradezu überschäumender Beschwingtheit, Engelszell in großer Zurückhaltung, ernster, fast schon eine Elegie. Heute beten in Engelszell Trappisten, schweigende Mönche.

Johann Georg Üblhers Engelszeller Altarfiguren sind gleichsam die Überleitung zu Maria Steinbach, zum großen Schlußakkord. Es gibt in Maria Steinbach Üblher-Figuren, die sind so, wie sie halt sein müssen. Der Nikodemus und der Joseph von Arimathia sind so gemacht, wie man sie von einem guten Bildhauer 1762 verlangen konnte. Mancher Putto in der Steinbacher Kirche hat auch die gebührende Fröhlichkeit, die man von so einem leichtfertigen Rokoko-Kinderl erwartet. Aber da ist schon einmal dieser völlig aus der Rolle fallende Putto zu Füßen der Schmerzhaften Muttergottes, das „Plärr-Engele", wie ihn die Allgäuer getauft haben. Dieser Putto weint. Gut, er weint herzhaft, und man sieht ihm an, daß er diesen reichen Tränenfluß nicht lange durchhalten wird. Das „Plärr-Engele" weint über die Schmerzen Mariens, will aber auch mit diesem heftigen Weinen deutlich machen, daß ihn keine Schuld an diesen Schmerzen trifft. Er ist der wunderbarste Engel in der Steinbacher Wallfahrtskirche.

Da ist nun aber ein Engelskopf, nur ein Relief über einem Türsturz in der Südwand des Chores. Fast übersieht man ihn. Hat man ihn aber gesehen, läßt er einen nicht mehr los. Dieser Engel weint nicht. Er ist von stummer, hoffnungsloser Trauer.

Vielleicht ist dieser ins Leere schauende Kopf der allerletzte von den Engeln des Johann Georg Üblher gewesen. Man weiß es nicht, aber es sieht sich so an; denn er scheint zu sagen: aus, vorbei.

Tausende kommen in jedem Jahr nach Maria Steinbach. Viele zieht das Kunstwerk an, viele machen sich um der frommen Wallfahrt willen auf den Weg, und gar mancher tritt ein, weil er einfach verzweifelt ist, nicht mehr weiter weiß. Anliegen werden mitgebracht und dagelassen. Gleich hinter dem Hauptportal, wo in düsterer Nische ein Engel Jesus am Ölberg den blutigen Schweiß abwischt, werden viele Wünsche ans Gitter gehängt, wie offene Briefe an die Muttergottes. „Liebe Gottesmutter, gib mir eine gute Mathematiknote und laß mich meine Schwester besser verstehen." – „Maria hilf, daß wir wieder ein rechtes Familienleben haben und gib meiner Mutter bessere Gesundheit." So und noch viel einfacher kann man es lesen, ohne Namen, mitunter mit einem Datum. Alltagssorgen meist, doch für eine kleine Seele vielleicht schon zu groß.

Wäre es nicht gut, wenn die Briefleinschreiber sich die Engel des Johann Georg Üblher ansehen würden? Und wenn man ihnen sagte, warum diese Engel so ausschauen: Weil einer gespürt hat, daß es mit ihm zu Ende geht. Und hat doch weitergearbeitet, sein Werk vollbracht, fast vollbracht. Bis zuletzt mag er seinen schönen Traum, seine schöne Hoffnung noch gehabt haben, den großen Altar droben in Franken, der mitten in der Kirche steht, die Gnadenstatt der Vierzehn Heiligen Nothelfer. Daß dies für ihn nur noch eine Hoffnung gewesen ist, was schadet es? Berufen ist er ja gewesen.